陪伴，就是最好的教育

——名师陪孩子走进北大

王翠莲 著

青岛出版集团 ｜ 青岛出版社

图书在版编目 (CIP) 数据

陪伴，就是最好的教育 : 名师陪孩子走进北大 / 王翠莲著 . —
青岛 : 青岛出版社 , 2021.6
ISBN 978-7-5552-9037-7

Ⅰ . ①陪… Ⅱ . ①王… Ⅲ . ①家庭教育 Ⅳ . ① G78

中国版本图书馆 CIP 数据核字 (2020) 第 030279 号

PEIBAN, JIU SHI ZUIHAO DE JIAOYU——MINGSHI PEI HAIZI ZOUJIN BEIDA

书　　名	陪伴，就是最好的教育——名师陪孩子走进北大
著　　者	王翠莲
出版发行	青岛出版社
社　　址	青岛市海尔路 182 号（266061）
本社网址	http://www.qdpub.com
邮购电话	（0532）68068091
策划编辑	尹红侠
责任编辑	赵慧慧
装帧设计	祝玉华
照　　排	光合时代
印　　刷	青岛双星华信印刷有限公司
出版日期	2021 年 6 月第 1 版　2022 年 1 月第 2 次印刷
开　　本	16 开（710mm × 1000mm）
印　　张	14
字　　数	200 千
印　　数	6001–11000
书　　号	ISBN 978-7-5552-9037-7
定　　价	49.80 元

编校印装质量、盗版监督服务电话 4006532017　0532-68068050

教育即生活

◆

　　美国教育学家杜威曾经说过，教育即生活。良好的教育应有良好的生活环境，良好的生活环境会达到一种自然育人的目的。《中庸》开篇就说："天命谓之性，率性谓之道，修道谓之教。"好的家庭教育应是在孩子天性基础上的有效引导与促进。而对孩子天性的发现与发掘，父母是第一位伯乐。我们从中可以看出，孩子所表现出来的优秀品质往往归结于良好的家庭教育。对孩子遇到的问题，父母如何引导，基本上奠定了孩子将来认识社会的基础。这就是家庭教育在孩子成长过程中的重要作用。

　　青岛市教育局历来重视家庭教育，专门成立了家庭教育处，专门下发了家庭教育的文件，专门举办了家庭教育优质课评比，目的就是为了实现家庭教育与学校教育的有效对接，把家庭教育作为学校教育的有效、有益、有利补充，开创青岛教育的美好未来。

　　我们欣喜地看到：青岛人历来都有重视家庭教育的优良传统。但是，家庭教育存在着一定的不平衡、不对称的现象。一些家长普遍关注孩子的早期教育，在幼儿园或者小学阶段，能很好地配合学校。家校合作、家校共建活动开展得有声有色。但是等孩子上了初中或者高中后，一些家长就不知道该如何对孩子进行家庭教育了。虽然大部分学校积极开展家校合作活动，开设家长学校，提供家庭教育课程，但是许多家长依然不知所措。

　　出于对学生安全的考虑，大多数高中实行寄宿制封闭式管理，造成一些家长与孩子的沟通不及时。另外，上了高中以后，孩子的心理趋于成熟，他们开始独立，开始主动地脱离父母。再加上高中课改、高考改革、选科走班等制度的创新，高中学科学习难度的相对提高，许多家长感觉有心无力，在教育孩子方面开始放手。当然也有许多家长，为了帮助孩子解决问题，开始阅读各种教育类的书籍，了解各种家庭教育方法。

本书的作者王翠莲老师，既是名师，又是优秀家长的代表，她的孩子在2019年高考中以优异的成绩考入北京大学。王翠莲老师用近80篇文章，20多万字，真实地记录了孩子在高中三年的成长，并总结了许多孩子在高中时期容易出现的问题，给出了具体可行的做法。这些问题和做法，都带有一定的普遍性，可以供其他家长参考。

王翠莲老师还参加了青岛市家庭教育优质课评比；她的孩子在高考完后，也在青岛电视台"爱青岛"栏目主办的优秀岛城学子经验分享会中做经验分享。这些公益活动都是教师对家庭教育的无私奉献，也是当下学校教育对家庭教育引导的有益尝试，为创造优秀家庭、和谐家庭，提供了教育的力量。

故以此为序，向王翠莲老师表示感谢。同时，我也希望更多的家长给孩子提供更加优质的家庭教育。让每一个孩子都有一个良好的家庭教育环境，让每一个孩子都能在良好的家庭教育环境中茁壮成长！

刘鹏照

2020 年 1 月 13 日

好的家庭教育，为孩子的终身发展奠基

王翠莲老师是 2011 年调入青岛二中分校的。当时我作为青岛二中本校与分校两所学校的校长，与王老师有过多次交流。王老师不仅在学校工作中得心应手，还在家庭教育中颇有心得。这一切都因为王老师是一个善于反思的人，她总是能从学生们身上反思家庭教育。对于发生在自己孩子身上的问题，王老师也总能在吸取经验教训后，更好地教育与管理学生们。正是因为如此，王老师才能在学校教育和家庭教育中找到一个平衡点。

当王老师家的孩子考上青岛二中后，她就用文字记录孩子成长的点滴。我们才有幸读到王老师所著的这本书。王老师既是一线教师，又是家长。特殊的双重身份，让王老师在如何结合好学校教育与家庭教育的问题上多思考了一点儿。正是基于这一点，王老师的文字值得其他家长学习和借鉴。孩子在各个时期会遇到什么问题？家长如何配合好学校做好家庭教育工作？当孩子面对人生抉择时，家长该如何指导孩子做出正确的决定？……对于以上问题，家长们都可以从王老师的书中找到问题的答案。

每个孩子都有自己成长的节奏，好的家长在于把握节奏和引导孩子发展。王老师家的孩子是 2016 年以直升生的身份考上青岛二中的。这个孩子在直升笔试与面试中都表现得比较突出。这个喜欢阅读、喜欢辩论的大男孩，在高中三年，一直担任班干部。即使在高三学习最紧张的时候，他依然担任班长，组织大家做好毕业前的一切事项，忙前忙后，展现自己的大气与担当。最后，这个孩子以优异的成绩考上北京大学，为家庭教育画上了一个圆满的句号。

其实教育本身是相通的。一位优秀的老师，往往优秀在他善于发现教育中的问题，并且积极地思考，不断地创新、尝试、反思和总结。家庭教育亦是如此。一位优秀的家长，也一定善于发现孩子的问题，并通过学习、交流、反思、总结，找到适合自己孩子的教育方法。从这个意义上来说，每一个成功的孩子背后，往往会有一个善于反思的家长。

近些年，青岛二中一直充分重视发挥家庭教育的作用，先后多次举办家庭教育论坛，邀请著名教育家孙云晓等人来校为家长上课，目的就是通过改变家长的家庭教育观念，为孩子的成长创造良好的家庭环境，实现孩子、家庭、社会三者的共赢，从而实现学校教育与家庭教育的无缝连接，为孩子的终身发展奠基。每个孩子都有一把开启未来发展之门的钥匙。家长要和孩子一起找到这把钥匙。

当下的高中，大多实行寄宿制封闭式管理。久而久之，一些孩子就会缺少和父母沟通的机会，造成亲子关系疏远，更加容易产生亲子矛盾。这就造成了家庭教育与学校教育的脱节。

也有一些家长，因为过度地担忧，过分地操心，从高中一开始就采取陪读的方式，限制孩子的社会性发展。一些有意识、有思想的家长，渴望了解孩子在学校的状况和教育教学工作的开展情况，以便及时地参与到学校教育之中，协助学校实现家校共赢。

王老师所著的本书具有极高的针对性和普遍的适应性，以学年划分章节，以如何解决孩子的问题为主要内容，以父母、教师的双重身份，给各位家长提供可借鉴学习的经验教训。这本书既有理论的普遍意义，又有具体可行的方法。虽然每个孩子各具特质，禀赋不同，但是家长仍可以从本书中找到孩子普遍存在的问题，从而学习、反思，找到解决自己孩子问题的可行方法。

希望本书能让更多的家长反思与借鉴，能让更多的孩子受益。

孙先亮

2020 年 1 月 2 日

第一章

最好的陪伴，就是家长的自我成长

//

第二章

高一陪伴，好的开始意味着成功了一大半

//

第三章

高二陪伴，就是安静地和孩子做个朋友

//

第四章

高三陪伴，就是默默地做好孩子需要的角色

第一章

最好的陪伴，就是家长的自我成长

01

写在高中生活开始之前的话

父母与食物一样，都有最佳保质期。在上幼儿园之前，孩子基本上是在家里接受家庭教育。这一时期的家庭教育往往会为孩子的终生发展奠定基础。为此，我们可以通过学习来提前做好为人父母的功课。我们可以向教育经典学习，向成功的父母学习，向学生学习，向孩子学习。

1. 向教育经典学习

教育经典都是被得到广泛认可的教育原理。这些教育经典只是给家长指明了道路和通往这条道路上的种种可能。至于选择哪一条道路，家长要根据孩子的自身特点来决定。因为人是鲜活的，每个孩子都是不同的。别人家的教育经验不可能完全适用自家孩子。

通过一次偶然的机会，我接触到了蒙台梭利的教育理念。该理念的精髓在于培养孩子主动学习和探索的精神，让孩子体验学习的乐趣。抓住孩子的"敏感期"，给予孩子恰当的引导，让孩子开动脑筋，挖掘孩子的潜力。蒙台梭利的教育理念不仅为我们提供了科学的教育观点，还为我们提供了具体可行的操作建议。虽然社会上有很多蒙台梭利的教育机构，但是我依然建议家长读一读《蒙台梭利早期教育法》。学习并读懂蒙台梭利的教育理念，可能比具体知道怎样做更为重要。因为再好的教育专家也不可能比父母更了解自家孩子。在掌握了蒙台梭利的教育理念之后，父母可以根据自己家孩子的特点，有针对性地对孩子因材施教。

2. 向成功的父母学习

同事、亲戚、朋友都可以成为我们学习的对象。在别人教育孩子成功的地方思考成功的原因。搞清楚别人成功家教方法背后的原因，之后再把这些家教方法改造后运用在自己家孩子身上，这才是教育的迁移，而不是教育的简单复制。我的一位同事，她家孩子学习成绩非常好。在与这位同事交流时，她对我说过这样一句话："在上小学三年级之前，要帮孩子养成良好的学习习惯，以后你们就不用操心孩子的学习了。"对于这句话，我印象非常深刻。正是因为在孩子上小学三年级之前，我就帮孩子养成了良好的学习习惯，所以我家孩子的学习成绩一直名列前茅。

3. 向学生学习

因为我是一名教师，所以我可以接触到许多学生及其家长。我经常观察学生们在学校的表现。从学生们身上，我发现，培养一个高情商的孩子往往比培养一个高智商的孩子更重要。因为高情商的孩子在生活中可以获得更多的快乐和满足。面临中考或高考的孩子，承受着巨大的压力。情商高的孩子，可以和好朋友一起减压，一起度过人生中的艰难时期。高情商孩子的背后大都有一个高情商的家长。这些家长让孩子们学会了观察、体贴别人，让孩子们在体贴别人的同时也享受着别人给予的温暖。

4. 向孩子学习

当孩子出现问题时，父母要反思：孩子是不是必然要出现这种问题？如果是必然出现的问题，这就是孩子成长的必须，父母完全没必要害怕。父母只要转变思想，就有了教育孩子的机会，同时也是给孩子成长的机会。如果不是必然出现的问题，父母就要反思自己的教育方式是否有问题。

回顾孩子3岁之前的教育，我做了最重要的三件事：一是培养孩子外向的性格，二是培养孩子独立做事的能力，三是培养孩子专注做事的习惯。在孩子3~9岁这一时期，我主要为孩子做了两件事：一是发现并培养孩子读书与写作的习惯，二是培养孩子的音乐特长。

对于 3 岁之前的孩子，教育的重点是什么

3 岁之前，是幼儿一生中最重要的时期。可以说，这一时期的家庭教育可以为孩子的未来奠定关键的基础。那么，在这一时期，父母要教给孩子哪些东西，才能真正地帮助孩子呢？

一、良好性格的培养

性格是在社会生活实践中逐渐形成的，一经形成便比较稳定，它会在不同的时间和不同的地点表现出来。但是，性格具有稳定性并不是说它是一成不变的，而是可塑的。一个人的性格形成后，生活环境的重大变化一定会让他的性格特征发生显著变化。具体来说，对于性格偏内向的孩子，如果家长注意孩子的人际交往，可使孩子的性格更外向一些。同样，对于性格偏外向的孩子，如果家长注意培养孩子的专注力，可使孩子做事情更专注一些。总的来说，成功的家庭教育应该使孩子在人际交往与社会生活中应对自如，做起事来又可以专注投入。

1. 家长即使工作繁忙，也要重视孩子的教育问题

那时，我和老公都是一所县级中学的老师，工作任务非常重。我老公既当高三年级的班主任，又当中层领导。我则给高三四个班级上英语课。因为带高三的学生，所以我们俩几乎每个晚上都要陪着学生们上晚自习，一直上到22:00。即使我和我老公两个人把休息的时间和晚自习时间全部错开，孩子最多一周只有四个晚上能见到爸爸或妈妈。其他三天，基本上是我们俩回家的时候，孩子就已经睡着了。所以，我们家孩子的家庭教育实际上主要靠双方的父母或者家里的亲戚。

相信有很多家庭与我们家的情况相似。这种没有固定照顾者的模式有其优

劣之处，好处是孩子可以接触不同性格、不同年龄的人，能够锻炼与各种各样的人相处的能力；坏处是没有一个人能够系统地、连续地对孩子进行教育。在这种情况下，父母对孩子的教育就显得尤为重要。也就是说，越是在没有时间照顾孩子的情况下，父母越要注意孩子的教育问题。

2. 孩子性格偏内向，可以请邻居孩子到自己家里玩

第一次发现我家孩子的性格有些内向，是在孩子两岁多的时候，我带他去对门的邻居家玩。敲开邻居家的门后，孩子在我的肩膀上趴着，迟迟不肯下来。无论我怎么哄孩子，无论邻居家的孩子怎么逗他（邻居家的孩子比我家孩子大两岁。之所以去邻居家串门，是因为我想让我家孩子与大一点的孩子接触），他就是不肯从我身上下来。后来邻居家的孩子便不再搭理我家孩子。我家孩子偷偷地看邻居家的孩子玩，但是不敢从我身上下来。也就是从那个时候开始，我发现我家孩子的性格偏内向。

在那之后，我就开始有意识地培养我家孩子与人交往的能力。我家孩子不愿意去别人家玩，我就把别人家的孩子请到我家里来玩。正是用这种方式，我家孩子慢慢地就有了一个固定的朋友圈，而且是十几个人的朋友圈，他们每天都在楼下一起玩，有时一起跳绳，一起扔沙包，一起玩过家家……这些群体游戏能够锻炼身体，磨炼意志，有益身心健康。

3. 集体环境有助于培养孩子的人际交往能力

集体环境有助于培养孩子的人际交往能力，让孩子保持自我本性的同时，又能接纳他人，与他人和谐相处，从而避免孩子的性格太过于内向或者太过于外向。当然，孩子不同，性格也不同。有的孩子天生什么都不怕，什么都敢尝试，表现得特别外向；有的孩子做事比较谨慎，他要先进行观察和了解，直到有确切把握时再去做事。

父母如果发现自家孩子特别外向，就要尝试让孩子独自静处一会儿，并注意培养孩子的专注力。父母如果发现自家孩子特别内向，就要有意识地培养孩子的人际交往能力，多让孩子与同龄的小伙伴交往，多去公共场合参加活动。

其实性格并没有好坏之分，也无所谓好坏。但是我们不能让孩子的性格朝

着某一个极端方向发展。我们不能让一个孩子的性格太过外向或者内向。因为太过外向的孩子一心向外，在学习时很难静下心来；太过内向的孩子一心向内，就会欠缺与人交往的能力。

二、独立做事能力的培养

蒙台梭利强调教育者必须信任儿童内在的、潜在的力量，为儿童提供一个适当的环境，让儿童自由活动。哪怕是三岁之前的孩子，父母也要相信孩子内在的、潜在的力量，并给他提供独立完成事情的家庭环境，让他尽可能独立地完成自己想做的事。当孩子不能独自完成某件事情时，家长要从旁协助，绝不能因为孩子完成得不好就越俎代庖。

1. 父母应拥有正确的儿童发展观

当然，父母在教育孩子时还应始终保持一个正确的儿童发展观。维果斯基认为，儿童有两种发展水平：一是儿童的现有水平，即由一定的已经完成的发展系统所形成的儿童心理机能的发展水平；二是即将达到的发展水平。这两种水平之间的差异就是最近发展区。教育者应该关注的就是这个最近发展区。

家长要考虑孩子现有的水平，对孩子有一个正确的认知，确定符合孩子特点的发展水平，不要对孩子抱有过高的期待。这个时候，家长的着眼点是孩子原有的基础，而不是原有的高期待。只要发现孩子取得一点点进步，家长就会在孩子的进步之中看到教育的惊喜。

但是，在现实生活中，一些父母对孩子的要求太高，对孩子做的事情总是感到不满意。于是，这些父母就开始亲自指导孩子，指导孩子多次后，没有见到想要的效果，就失去了耐心，索性就为孩子代办，剥夺孩子自己动手的机会。

2. 让孩子学会独立吃饭

培养孩子独立做事情的能力，可以先从培养孩子自己独立吃饭开始。很多父母希望孩子立刻就能学会独立吃饭，因为帮孩子收拾"残局"真的很让人头痛。事实上，孩子是不可能在短时间内就学会吃饭的。孩子在刚开始尝试吃饭时，一定会弄得满脸、满身，甚至满桌、满地都是饭菜。但是只要父母肯放手让孩子自己尝试一段时间，孩子就会在实践中学会独立吃饭。孩子把饭撒了，可以重新盛；孩子自己吃饭时间长，菜凉了，可以再热；孩子吃饭时把地面弄脏了，可以擦。和培养孩子独立吃饭的能力相比，父母多付出一点耐心和体力又算得了什么呢。千万不要因为怕一时的"小麻烦"，而给自己和孩子的以后带来"大麻烦"。

父母恰当而有智慧的鼓励，会让孩子收获更多的力量，让孩子有信心继续接受挑战，战胜眼前的困难，养成独立用餐的好习惯。就这样，我家孩子早早就学会了独立吃饭。

3. 从小培养孩子独立做事的习惯

无论是上小学，还是上初中、高中，我家孩子自己安排学习时间。我们给予孩子充分的信任，反而让孩子养成了到家就学习，学完之后就去玩的好习惯。

我和老公都是高中老师。当孩子上高一时，我们俩也试图给他补课，但是被他拒绝了。孩子认为，只有经过自己学习、消化，才能真正地掌握知识。也正是因为这样，孩子将自己整理的学习笔记视若珍宝。

4. 孩子做作业拖沓和家长的要求有关

一些家长经常向我抱怨，说孩子才上小学，每天都要很晚才能完成作业，孩子做作业特别拖沓。而事实上这种情况到了初中或高中后会更明显。一些刚上初一的孩子直到晚上十点多才能完成作业。这个时候家长就要冷静地想一想，到底是学校的作业太多了，还是孩子做题的速度太慢了。一般来说，一些孩子做题速度太慢与家长的要求有关。

家长来看看以下的情境：

一个小学一年级的孩子，正在认认真真地做作业。孩子的妈妈，一直在盯着孩子做作业。忽然，孩子的妈妈用手指在桌子上敲了两下。孩子正做着作业，没有反应。于是，孩子的妈妈加重了力道，又用手指敲了两下。孩子终于觉察到了，抬起头疑惑地看着妈妈。孩子的妈妈却不说为什么，只是说："你自己看看！"孩子很奇怪地往作业本上看，并没有发现什么，再次抬起头看妈妈。孩子的妈妈终于忍不住了，指着孩子写错或者写得不好看的地方开始唠叨："你看看这里，你写错了，你还不知道吗？"孩子恍然大悟，赶快拿起橡皮擦掉。接着，孩子小心翼翼地继续写作业，很明显孩子的态度认真多了，写作业的速度却慢下来了。因为孩子担心再被妈妈批评。妈妈觉得自己的教育收到了成效。

在孩子刚上小学时，家长陪伴孩子学习是必须的。只是家长应该反思的问题是该如何陪伴孩子学习。如果家长陪伴孩子学习时，孩子变得不敢或者不允许自己出一点差错，那么孩子又如何能提高做作业的速度呢？

换一种方式，家长可以在旁边安静地陪着孩子做作业，也可以不在孩子旁边陪着。等孩子独立完成作业以后，家长再帮孩子检查作业，指出孩子做错的地方或者做得不好的地方，监督孩子纠正错误。这样做既能让孩子养成独立完成作业的习惯，又能让孩子及时发现问题，改正错误。

家长再来看看这样的情境：

孩子高兴地对妈妈说："妈妈，妈妈，我做完作业了！"这个时候，妈妈会说："好孩子，你真棒！"但是话题一转，"妈妈还给你买了另外一本习题集，你再把这几道题做一下吧。"孩子不想做，但是又不能不做。于是孩子就嘟着嘴，不高兴地回房间继续做题。

不知道这个时候家长发现了没有，孩子已经没有了做题的兴致，因为他知道，做完老师布置的题，就要做家长额外布置的题。题是做不完的。与其这么快地做完作业，还不如慢慢地做，少做一点儿。于是孩子做作业拖沓的习惯就开始出现了。

所以，我建议家长们不要给刚上小学的孩子额外布置作业，只要孩子能完成学校的作业就可以了，给孩子留一点儿自由支配的时间。家长给孩子自由就是给孩子奖赏，而且是孩子喜欢的奖赏。为了这个奖赏，孩子做作业时还会拖沓吗？

三、专注习惯的培养

蒙台梭利认为：0~6岁是孩子成长的敏感期。在这一时期，孩子会突然地对某一样东西特别专注，比如不停地捡起地上的落叶，长时间地玩某个玩具。

这个时期正是家长培养孩子仔细观察事物的好时机。家长要让孩子带着疑问去认识世界，培养孩子的专注力。

1. 孩子对火车感兴趣，我们就引导孩子去了解火车

我记得我家孩子刚刚学会说话，口齿还不太清楚。有一天中午下班之后，我骑着电动车带孩子出去玩。中途，我们要穿过一个火车隧道。当时正好有一列火车经过，轰隆隆的声音强烈吸引着我家孩子，他好奇地四处看，看见火车后就兴奋地大叫。我停下来，并且指着火车告诉孩子："这是火车。"

没想到孩子在那个地方看了好久，看着火车轰隆隆地开过来，又轰隆隆地开走，直到看不到火车的影子。

第二天，我再带孩子去这个地方，他又非常开心地看火车。于是这个地方就成了孩子固定看火车的地点。由于这个地方离我工作的学校不太远，有一段时间，每天上午下班之后，我做的第一件事就是带孩子去看火车。

后来在一家音像店里我发现了几张关于老式蒸汽机车的光盘，于是毫不犹豫地买了下来，放给孩子看。那种老式蒸汽机车，冒着白烟，伴着大车轮的转动，穿过森林，穿过河流，穿过一个个的城市。虽然视频是英文解说，但似乎一点儿也不影响孩子欣赏，他时而拍手欢呼，时而笑着倒在沙发上，一看就是很长时间。

看孩子对火车感兴趣，我就开始引导他去深入地了解火车。我带孩子去火车站看电力机车，陪着孩子一起去坐火车。为了看到那种老式的蒸汽机车，我带孩子去了一家铁合金厂，因为这家厂里还有一辆正在运行的老式蒸汽机车。这种老式蒸汽机车看上去真的很震撼。车子发动的时候先是"突突、突突"地冒出一股股的白色蒸汽，然后就是很响的刹车声，庞大的红色车轮开始在连接杆的拉动下转动，随后"哐当、哐当、哐当"的声音开始响起。随着声音节奏的加快，蒸汽机车开始移动，一会儿便"轰隆、轰隆、轰隆"地开走了。因为去的次数多了，看门的大爷、火车司机都认识了这个喜欢火车的小男孩。甚至有一次，那位火车司机破例让我家孩子参观了驾驶室。

我们给孩子买了各种玩具火车。很多时候，我家孩子一边看着火车一圈一圈地转来转去，一边不停地说话："经过了某某站台，经过了某某岔道口，红灯

开始亮了，到达了某某站台。"我家孩子把自己知道的地方都假想成了火车站名。我突然想到可以给孩子买张地图，以便让孩子了解祖国的大好河山。于是我马上买来中国地图，并将其贴在客厅墙上。并和孩子商量，我们一起制作火车站牌。我们把各个省会的名字制作成卡片，夹在一个个细棍上，然后插在一个个小盒子上，沿着玩具火车的轨道放好。然后孩子就当起了火车上的播音员："旅客朋友们请注意，我们的火车马上就要出发了，前方到站山东济南站，下车乘客请做好准备。"等孩子非常熟悉一些地名，并且会在地图上找到相应的地方之后，我们就换另一批新地名。在不知不觉中，孩子竟然将整个中国地图印在了脑子里，对于每个省份的形状、位置、省会、重要城市等如数家珍。我们又为孩子准备了地图拼图。孩子似乎还不过瘾，开始自己画火车道，画中国地图。我为孩子准备了专门的画图纸，让孩子在上面随便画，并给孩子说，他画得太好了，我要拍照留念。

家里的任何一样东西都有可能成为孩子的火车道。孩子会把家里所有的椅子排成排，当成火车道。有时候，因为需要用椅子，破坏了孩子的火车道，他就大哭大闹。后来我就建议孩子用棉棒做火车道。家里的棉棒也就有了新的用途。当孩子在路上看到一些高架桥后，他对那些交错的高架桥突然感兴趣了，在他的图画中出现了越来越复杂的高架桥，客厅里到处都是孩子用棉棒摆的高架路。我们在客厅里都是跳跃着走的，以防碰到那些"高架路"。每当客人问孩子为什么这么设计时，是孩子最自豪的时候，他会说个不停。

总之，当我发现孩子对某一个东西特别关注的时候，我会给孩子支持、鼓励与尊重。

2. 放手让孩子独立搭积木，培养孩子的专注力

记得有一次我给孩子买了一些积木。我想帮孩子一起搭积木，他不想让我帮，于是我们俩就各自玩起来。看我不理他，又看我搭的比他搭的积木好看，他就想过来玩我的积木。我好不容易搭起来的积木，自然不想让他触碰。于是他就趁我不注意时，破坏掉我搭的积木，然后高兴地跑开了。

这个时候的我突然发现，如果家长代替孩子去做，或者家长自己玩得很高兴，却不让孩子触碰家长的作品，孩子就会在失败中找到一种破坏的快乐。也就是说，

孩子心里会想："我没有做好，也不会让你做好。"孩子的这种破坏的心理很容易变成日后课堂上的破坏心理——老师不关注他，他就通过捣乱的方式获得老师的关注。

　　家长要放手让孩子去玩，只在旁边做一个必要的帮助者和激励者。大多数的时间，我都是让孩子自己玩。这样做让我家孩子养成了做事认真、投入，而且是长时间投入的好习惯，为他今后的学习和生活奠定了基础。

孩子的兴趣与特长需要家长发现并培养

蒙台梭利告诉我们：孩子的好奇心在哪里，天赋就在哪里。但是随着年龄的增长，孩子感兴趣的东西会越来越少。所以，家长一定要注意观察孩子对什么东西特别感兴趣。也就是说，孩子的兴趣需要家长去发现，更需要家长去培养。

在上小学三年级之前，我家孩子每天放学之后，就同其他孩子一起在楼下玩游戏，打嘴仗，为了一些无聊的话题，争来争去。那个时候的孩子，不看书，不上辅导班，不学特长，过着完全无忧无虑的快乐生活。

上了小学三年级之后，我觉得应该有意识地培养孩子的特长。于是我就从阅读、写作与音乐特长三个方面入手。

一、培养孩子阅读的习惯

有一次，我家孩子放学回来，很有兴趣地对我说："两个黄鹂谈恋爱，一行白鹭来捣乱。白鹭变成奥特曼，炸得黄鹂稀巴烂。"孩子觉得这样的改编非常有意思。我对孩子说，杨红樱老师的"马小跳系列"有很多有趣的故事。看孩子感兴趣，我为孩子买来了"马小跳系列"。后来孩子读完"马小跳系列"，我又给他买了郑渊洁的"皮皮鲁系列"。孩子反反复复地读这些图书。

看孩子读得那么认真，我对孩子说："是什么样的故事这么吸引你？"孩子就开始给我讲书中的故事。然后我说："这个故事真的挺好玩，看来我也要读一读了。"所以，我一直和孩子一起读书，一起交流。读完那两个系列之后，孩子的阅读水平明显地提高了。

接着，我又开始引导孩子去读一些历史书籍。首先从戏说历史的书开始，比如当年明月的《明朝那些事儿》。这类戏说历史的书像故事书一样有趣，成功吸引了孩子阅读的兴趣。当孩子读完《明朝那些事儿》以后，我又给孩子买了一些类似的书，比如《隋朝其实很有趣儿》《其实我们一直活在春秋战国》《如果这是宋史》《大唐王朝》等等。当孩子读完这些戏说历史的书以后，我才开始让他去读正史，比如俾耳德的《美国的历史》，黄仁宇的《赫逊河畔谈中国历史》，等等。后来，我又让孩子读经济类的书，先从《王二的经济学故事》开始，再到《纯粹经济学》，等等。

二、培养孩子的写作习惯

大量、广泛地阅读之后，孩子就开始模仿着写小说。上小学六年级的时候，孩子写了一篇名为《六二那些事》的长篇小说，大约 16 万字，纯粹是自娱自乐。孩子每天都沉醉在写作中，有时候写着写着就会笑出声来。再后来，孩子模仿着《明朝那些事儿》，写成了《盛唐帝国》。孩子每天看着书桌上的世界地图，天马行空地想象着大唐王朝的军队今天攻占了什么地方，那里有什么样的山脉，有什么样的河流，有什么样的物产。

当孩子完成一部小说后，我就是他的第一位读者，同时也是"马屁精的代言人"。因为孩子刚刚开始写，又不求发表，所以家长要以鼓励孩子为主，不宜对孩子提太高的要求，让写作保留最纯粹的意义，就是为了写而写，为了表达自己的感情而写，为了记录每天的生活而写。家长这样做才有可能让孩子把写作变成兴趣爱好。

虽然以鼓励教育为主，但是在孩子做得不够好的地方，家长还是可以提建议的。比如，我觉得孩子写的小说，故事性很强，但是缺少一些细节的描写，所以我就建议孩子写游记。一开始孩子不太愿意写游记，因为他觉得没有故事可讲。在孩子上高一那年，利用国庆假期，我带着他去朝鲜旅游。因为当地的网络不好，上不了网，玩不了游戏，所以每天游完景点之后，孩子就只能写游记打发时间。孩子一开始写的游记特别简单。后来当我带孩子去肯尼亚看非洲大草原，去马赛马拉草原看动物大迁徙时，孩子就已经养成了写游记的习惯，开始把每天的所见所闻用游记的方式描写出来。记得在马赛马拉草原，我们和朋友两家人一早去看鬣狗围猎角马的场面。天刚蒙蒙亮，天边正泛起鱼肚白，让人感觉辽阔的草原特别美。我看到我家孩子正站在敞篷车的前方，看着远处的景色。大部分人出去旅游，看到景色很美，就此停止了。但"美"这个东西，只是个人感觉。感觉是感性的。只有用文字记录所思所感，孩子的语言才会越来越丰富。肯尼亚之旅结束后，孩子写了十几万字的游记。在征得孩子的同意后，我将一部分游记发在携程网上。这些游记获得了很多人的点赞。

下面这段文字是孩子写的部分游记：

走出内罗毕一带，周围的景色陡然一变，没有了楼房，萧瑟与荒凉扑面而来。由于干旱，路两侧的土地上寸草不生。因为在飞机上睡得少，景色又不吸引人，所以我开始睡觉。

一个小时后，我睡醒了，向车窗外一看，大吃一惊，眼前是一望无际的稀树草原。天上的浓云是一层一层的，遮住了太阳，让远处的群山显得愈发昏暗，"远山如黛"也就是如此吧。眼前的草原之所以是金色的，是因为干旱，草原上到处都是干草，干草聚在一起，就变成了大片的金色。几株树木点缀在草丛中，树干像虬龙，像银蛇，盘绕曲折，好像艺术家雕刻出的镂空木雕。

汽车继续往前行驶，树木消失了，眼前出现的是一片更大的草原。金色的河流仿佛从天边泻下，汇聚到这儿，形成了金黄的海洋。那灿若黄金的阳光一时照得我几乎睁不开眼。可就在我不经意间，一群斑马出现在我面前。斑马身上的条纹真的像人行横道。其中一匹斑马似乎看到了我们，率先抬起了头，结果其他斑马也都抬起了头，朝我们行注目礼，一直目送我们离开。

以下文字是孩子关于酒店的描写：

酒店的大门可以再简陋一点儿吗？一个用茅草搭起的棚子。一位当地的守门人与我们的导游说了几句话之后就给我们打开了铁门。虽然我听不懂他们在说什么，但是我突然有了一些不好的预感。

进酒店的路还是土路，道路两边种满了三角梅。在国内，这种花大都被养在花盆里，在这里却可以长成树，开满鲜艳的花朵，有正红色的，也有粉红色的。之后，我们的旅游车在一棵合欢树下停了下来。我们到达了酒店大厅。

门口放着木雕的大象。进入大厅后，我才发现这个酒店很特别。整个大厅都是木质结构的，还悬挂着一些牛头饰物。听其他人说非洲的木雕很好。有的木雕是用乌木雕刻，有的木雕是用非洲黄花梨雕刻。我虽然不懂木材，但是能看出来这些木雕真的是手工雕刻，因为刀斧的痕迹很明显，不像机器雕刻的那样圆滑。

办完入住手续后，服务生帮我们拿行李，并引领我们入住。

首先要穿过一个长长的走廊。走廊很特别，是用剑麻叶子搭成的长长的草棚子，路面也是由一个个不规则的石子铺成。走廊两边种着一种奇怪的植物。一开始我们以为这种奇怪的植物是虎皮兰或芦荟，因为形状很像，但是后来我们试着折了折叶子，不出水，质地很硬，而且每片叶子的长度远远超出虎皮兰或芦荟。我们站在这种植物旁边合影，它们的高度远远超出我们的身高。

以下文字是孩子关于羚羊的描写：

羚羊长得十分漂亮，特别是它们的身材，精干灵巧，看不到一丝臃肿。虽然羚羊整天生活在这干旱的草原之上，但是它们浑身上下干干净净。羚羊头上的角很直，背部是黄色的，肚子是白色的，肚子上还有一条黑色的条带，再配上一条黑色的尾巴，怎一个"帅"字了得！最让人着迷的是羚羊的跳姿，它们将前后脚一分，再轻轻一跃，仿佛再宽的河、再宽的路，都可以轻松跃过。

大量的阅读与写作，让孩子的语文作文一直保持着优秀的成绩。孩子先后获得新概念作文大赛全国二等奖、北大培文杯全国一等奖。

三、培养孩子的音乐特长

德国教育学家、心理学家赫尔巴特认为，可将人的兴趣分为两类：一类为自然的或认识的兴趣，它是由对物质世界的了解而产生的；另一类是历史的或者说是交际的兴趣，它是一种社会化兴趣，基于社会交往而产生。

家庭教育作为一种外在的力量，完全可以根据社会的需要培养孩子的社会化兴趣，比如音乐特长。我家孩子高考时凭音乐特长拿到了北京大学、北京航空航天大学两所高校的降20分优惠。孩子在音乐特长方面的成功，应该是基于他的交际兴趣。在与人交往中，孩子因为这种兴趣而获得快乐与尊重，这种快乐与尊重又反作用于他的这种兴趣，最后这种兴趣成为他的特长。

1. 孩子从小学三年级开始学习二胡

上小学三年级的时候，孩子看着自己的一个好伙伴开始学习二胡，就说自己也想学拉二胡。那个时候的我真的一点儿都不了解音乐特长。我就觉得孩子能在音乐方面有点爱好也是一件好事。于是我就让孩子跟着老师开始学习拉二胡。

在这里，我要特别感谢孩子的二胡老师，每次都是耐心地陪着孩子练习，遇到孩子出问题的地方，就指出问题。陪伴练习有助于一个刚开始学乐器的人找到自信。有时候周五的晚上，老师就带着孩子们到湖边的广场上去拉二胡。那个时候还没有流行广场舞，大家只是饭后来广场上闲逛。只要他们师生几个人在广场上出现，就会有许多家长与孩子围上去。他们师生几个人在一起集体演奏，声音很响亮，也很有气势。没有剧场大舞台，孩子的二胡老师就用这种朴素的表演方式给孩子直接的舞台表演经验与成就感。这种被人围观的成就感又促使孩子努力练琴。一直坚持到初一，孩子整整拉了五年的二胡。这个时候孩子已经考完了二胡十级，正在考虑下一步如何发展。

2. 孩子改学低音提琴

有一天，我们学完二胡回家，在楼下正好遇到了一位邻居。他看我家孩子背着二胡，就问我，孩子是不是在学习拉二胡。我就说是的。他又问我，是不是想让孩子将来走艺术特长这条路。我说目前还没有考虑这些，只是将二胡作为孩子的一个爱好来培养。他说不建议孩子再学习二胡，因为学二胡的人太多了，在高考的时候，二胡不大能派上用场。于是我好奇地问他怎么知道的。原来这位邻居是山东交响乐团的总指挥徐老师。

于是我问徐老师：孩子还可以学哪种乐器？孩子现在开始学新乐器，晚不晚？以前学的二胡最好能对他学习新乐器有点儿作用。徐老师非常热情、耐心，把我叫到家里，聊了好久，最后建议孩子学习低音提琴。因为这种乐器特别大，小孩子玩不了，而且属于弦乐，与二胡有共通之处。于是我家孩子开始学习低音提琴。感谢徐老师，不仅给孩子指明了道路，还为孩子联系了青岛交响乐团的刘老师。从此孩子就开始学习低音提琴。

刘老师是青岛交响乐团的低音提琴首席，人特别热心，多次带孩子参加文艺演出，给了孩子多次表现的机会，让孩子得到了很好的锻炼。关于孩子参加演出活动的材料，我都为孩子保留着，因为在凭艺术特长参加高考时，高校都要求考生提供这些材料。

高二下学期暑假，孩子在老师的提醒下报考了上海音乐学院的考级，因为许多高校要求考生提供十级证书。

事实证明，徐老师的建议是正确的。带孩子参加清华大学高水平艺术团招生初试时，只有18个学生拉低音提琴，却有60多个学生拉二胡，可见拉二胡的学生之间竞争确实更激烈。所以，想让孩子走艺术特长生这条路，家长选对方向很重要。

孩子之所以能坚持走完艺术特长这条路，是因为老师的鼓励以及老师给孩子提供的表演机会。这些表演的机会可以让孩子获得观众的掌声，体会那种成功之后的喜悦感与成就感。

第二章

高一陪伴，好的开始意味着成功了一大半

02

写在高一生活开始之前的话

人们常说，好的开始是成功的一半。但是，对于高中生来说，好的开始可能意味着成功了一大半。这是因为，高一在很大程度上决定了整个高中三年的学习方式、自我定位、生活习惯等。所以，高一考验着家长家庭教育的智慧。如何用看似不在孩子身边，却又能让孩子感受到家长存在的陪伴方式，是每一位家长都应该考虑的问题。

1. 关注孩子高中的学习方式

初中学习与高中学习有着很大的不同。上初中的时候，大部分孩子在家里上晚自习，有父母的监督，有父母贴身的陪伴。可以说，大部分初中生是在家长的指导、监督之下完成学习的。但是上高中以后，孩子几乎就离开了家长的指导和监督。由家长一对一，甚至二对一的监督孩子，到家长对孩子几乎零监督，这是一个全新的变化。

有的家长可能会说，孩子在学校上晚自习，有老师的指导、班干部的管理。但是这些管理只是纪律性的，也就是说只要孩子不影响别人学习就可以了。至于孩子学习的真正效果是没有人来检查的。高中生的家长失去了晚上陪伴、督促孩子学习的机会。无数个晚自习的累加，就在很大程度上决定了孩子高中三年的学习效果。甚至可以说，孩子们之间的差距，可能不在于课堂学习，而在于晚自习的学习效果。

有的家长对此束手无策，有的家长会觉得难得清闲，而有的家长则积极地寻找解决问题的办法。比如有的家长会与班主任沟通，要到班级课程表，并要求孩子在周末时将课本、作业带回家，以便对照课程表检查孩子学习与作业的落实情况；有的家长会通过孩子的课堂笔记、书写字迹、作业得分、教师评语等评估孩子的学习情况，及早发现并解决问题。和完全放手的家长相比，这些家长有助于孩子尽快地适应高中生活，养成良好的学习习惯，为高中三年的学习打下良好的基础。

2. 帮助孩子进行准确的自我定位

初中的知识和高中的知识衔接并不是十分紧密。但是我们发现，很多在初中时学习成绩优秀的孩子，到了高中学习成绩依然优秀。这是因为这些孩子在初中时就养成了良好的学习习惯，有准确的自我定位。

高一是人生新的起始，是孩子寻求自我定位和自我价值的重要时期。如果家长帮助孩子在高一的时候就获得自信，并且帮助孩子进行准确的自我定位，比如要求孩子的名次保持在班级前十或者年级前十，或者是班级内的优秀组织者、优秀学生干部等，那么这个孩子就不会对自己要求过低，他会时时刻刻要求自己向优秀者看齐，因为他觉得自己就是一个优秀者。

家长应该如何帮助孩子进行准确的自我定位呢？我认为：在高一刚开学时，家长就要把握好孩子入学后的职务竞选、社团参与、首次考试等重要时机，积极筹划，正确评估，准确定位。具体内容可以参照本书后面的相关章节。

3. 提升孩子的人际交往能力

高一是孩子从家庭生活到学校生活的过渡期。一个备受家人宠爱的孩子来到一个不被人重视、不被人发现的群体之中，他的生活习惯、人际交往能力往往决定了他高中生活的幸福度。

试想一下，如果在班级内，没有一个人愿意和孩子同位，没有一个人愿意和孩子交往，那么，这个孩子怎么能在这个地方坚持三年？相反，如果在班级内，其他同学都对孩子非常友好，都愿意帮助孩子，那么这个孩子的高中生活会多么幸福！之所以会发生这两种极端的现象，主要是因为孩子们的人际交往能力有强弱之分。所以家长要重视培养孩子的人际交往能力。

4. 家长就是那个放风筝的人

我认为亲子关系的状态就像放风筝。孩子就是那个放出去的风筝，在辽阔的天空中自由自在地飞翔。家长就是那个放风筝的人，手中有一根虽然看不见，但是又时时在发挥着作用的风筝线。一开始，家长需要助跑来帮助风筝快速上升。可能会遇到没能成功起飞的风筝，请家长不要放弃，要反复尝试，反复助力。当风筝飞到了高空，一切都相对平稳时，家长还要时时注意风向的变化、周边风筝的影响、风筝线的长短等。家长这样做看似远离孩子，却又时时在孩子身边，时时发挥着作用。

保持适当的亲子距离

家庭教育的难点，就是父母如何把握与孩子之间的距离。父母与孩子之间需要距离，不能近到孩子触手可及，也不能远到连孩子的呼喊声都听不到。看似没有在孩子眼前，但是父母就在孩子身边不远处，这就是亲子陪伴的距离。

在现实生活中，如果一个人近到触及我们的个人隐私，那么我们就会讨厌这个人；如果一个人远到我们都找不到他，那么我们就会疏远这个人。所以陪伴孩子是一件很难的事情。一些父母觉得整天被孩子吆喝来、吆喝去，心里很不舒服。其实换一个角度思考，孩子吆喝父母，恰恰说明亲子之间的距离出现了问题。

现在很多父母忽略了亲子之间的距离，以为亲密无间才是正确的亲子关系，以为时时刻刻、面面俱到地管控孩子，才是最好的教育方式。而事实上，亲子之间界限感的丧失，反而会让亲子关系恶化，甚至导致家庭教育的失败。

在现实生活中，一些父母不会与孩子保持适当的距离。

1. 没有给予孩子足够的尊重

一般来说，在对待别人家的孩子时，出于礼节，我们总是努力地去寻找他的优点，并且在公开场合表扬他的优点。但是对于自己的孩子，一些父母总是看到他的不足和缺点，并且不分场合，批评与指责他。一些孩子在父母那里得不到尊重，无法获得成就感。其实我们应该尊重孩子的隐私，尊重孩子的选择。一些孩子在青少年时期对隐私权的重视，超过他们一生中的任何一个时期。

2. 没有和孩子保持足够的距离

一些父母总觉得不需要与孩子保持距离，只要孩子有问题，就可以直接指出来。在家里时，一些父母总是在孩子面前展现邋遢的一面。但是这些父母没有意识到自己在孩子面前表现出了负面的东西。可能一些父母在工作中积极努力，在同事面前很有修养，但是他们在孩子面前并没有表现出积极的一面。父母应该与孩子保持适当的距离，可以在孩子面前谈一谈自己的工作，谈一谈自己对工作的积极看法，并且注意一下自己的形象。这些对孩子来说都是正面的引导。

3. 对自己的孩子少了一些耐心

对待别人的孩子，我们即使不满意，也会有意识地掩盖一下自己的情绪。但是在自己的孩子面前，一些父母却少了许多耐心。有时一些父母甚至会说出"这么简单的事，你怎么都做不好！"之类的话。

家长对待孩子要注意亲密有间、满足有限、自由有界、严而有格，适当拉开亲子距离。

搭好初中和高中衔接的桥

从家庭教育的角度来说，高中和初中的衔接不仅限于知识的衔接，更重要的是综合教育的衔接。

一、做好知识的衔接

我们先说知识的衔接。因为初中和高中教材编写的难度与要求不同，所以初中和高中的教材编写者是不同的群体，这就难免会出现初中教材和高中教材的内容衔接不紧密的情况。

一些原本学习成绩挺好的孩子，在刚上高一时，会感觉跟不上老师的教学进度，学习吃力。特别是对于高中物理、数学这些理科类科目，一些孩子感到有难度。所以家长一定要让孩子在初三的暑假就做好初中和高中知识的衔接。

做好初中和高中知识的衔接有两种途径：

第一种途径：把孩子送进校外辅导机构的衔接班。

第二种途径：提前让孩子研读高一的教材。

相比来说，两种途径各有利弊。辅导机构的衔接班，虽然相对比较系统，但是也有不足，那就是如果衔接班的老师讲得太深，孩子对这部分内容已经有了充分的了解，在正式学习的时候，重复的内容就不能有效吸引孩子的注意力。

孩子自己研读的优点是能提高自学能力。自学的能力对高中生来说特别重要。所谓研读的标准，就是要求孩子读懂教材，并且会做基本的练习题。孩子自己研读的不足之处在于：对于教材中的一些难点，孩子可能解决不了。

总之，家长应该根据孩子的实际情况，做出正确的选择。

对于政、史、地、语文、外语这些文科类学科的衔接，我们建议孩子提前做一做当年的高考试题。做当年高考试题的目的，不是让孩子考多少分，而是让孩子熟悉一下这些科目的试题类型。当然，如果家长能够为孩子找一些试题的考试说明与专家分析，让孩子知道每一种类型的题目所考察的能力以及对能力的要求，那就更好了。

这样做，就基本上达到了初中知识和高中知识衔接的目的。

比如，2019 年高考语文试卷的文字阅读量达到 12000 多字，而且阅读的类型涉及文学类文本阅读、实用类文本阅读等。这就要求孩子在高中的时候不仅阅读诗歌、小说、散文和剧本等，还要广泛涉猎传记、新闻、报告、科普文章等。

再比如，对于初中的政治、历史、地理，重在知识的落实；对于高中的政治、历史、地理，重在知识的运用。高中的政治、历史、地理试题的阅读量大，并要求学生结合具体的实例来解释，这就要求高中生在学习这些学科知识时，不仅要知道是什么，还要知道为什么，等等。

二、做好综合教育的衔接

1. 培养良好的学习习惯

离开了家庭，孩子第一次来到高中。平时，有老师引领着、管理着，孩子的课堂学习情况不会有太大的差异。晚自习才是体现孩子们学习差距的时候。上初中的时候，孩子在家里有父母盯着、管着，身边没有任何可以交流的同学，是相对独立的。但是到了高中，孩子一旦住校，从晚上六点多开始上晚自习，到晚上十点结束，将近四个多小时的自主学习时间。在这四个多小时的时间内，孩子们都是在一起学习，这是一种集体学习的环境。在这种环境中，虽然有维持纪律的老师、班干部，但是孩子不可能不受到周围同学的影响。有的孩子总想和别人说话，有的孩子很长时间都进入不了做作业的状态。该如何让孩子在离开父母的情况下独立安排好晚自习的时间呢？

建议家长在孩子上高中之前，就让孩子体验一下晚上四个小时应该干什么、怎么干。比如，每天晚上上晚自习之前想一想：白天上了哪些课，老师讲了哪些课堂内容，需要完成哪些作业。对于这些作业，先完成哪些科目的，后完成哪些科目的。体验几个晚上后，孩子就知道怎样安排晚自习的时间了。在孩子体验的过程中，家长要及时发现孩子的问题，及时给孩子一些建议。

另外，不要小看作业顺序的安排。按照孩子们的学习习惯，一开始上晚自习时，他们往往喜欢先做数理化的作业，因为这些科目很容易让他们静下心来。上晚自习前，学生们普遍很浮躁，一做数理化的作业就比较容易静下心来，进入学习状态，这是一种让学生们专心学习的好方法。但是这种方法也存在不足之处。如果让学生先完成数理化的作业，那么基本上两节晚自习过去了，这时学生已经比较累了，就没有足够的精力去完成语文、英语等科目的作业了，做作业的效率变慢，甚至应付了事。长期如此，语、英、政、史、地这些学科就会"瘸腿"。

所以，家长最好建议孩子一开始先做数理化的作业，待静下心来后，就开始做语、英、政、史、地的作业，最后再完成数理化的作业。这样就能提高做作业的效率。

在做作业之前，一定要让孩子复习一下老师在课堂上讲的内容。正所谓磨刀不误砍柴工啊！

2. 培养责任感

离开了父母，孩子和其他同学一起住在一个宿舍里。这个时候一定要提醒孩子注意处理好人际关系。如果孩子处理不好人际关系，那么他的心理状态会受到影响，进而影响学习成绩。

宿舍是公共区域，宿舍里的公共卫生必须由宿舍成员共同承担。宿舍成员必须根据室长的安排，完成自己的工作，一定不要让宿舍的卫生因为自己出现问题。像学校这种人员密集的地方，对于公共卫生的要求一般会特别严格，会将卫生管理纳入班主任的班级管理评价考核指标。如果公共环境卫生不好，一些流行性疾病就很容易在人群中传播。因此，班主任一般会很重视卫生工作。如果孩子在这些看似小事，但是学校与班主任都非常重视的卫生工作上出了问题，班主任一定会找这个孩子谈话。如果孩子经常被班主任谈话，这对孩子来说是一件很不好的事情，容易对孩子的学习造成不良影响。

3. 学会尊重与分享

宿舍内空间狭小，几个孩子住在一起，难免会有一些冲突。孩子要学会与别人分享一些小零食，这是浅层次的分享。更重要的是孩子要学会分享公共空间。

在家里的时候，孩子一般都是自己住一个房间。在宿舍这种公共空间里，舍友之间基本上没有隐私。越是在这样的公共空间里，越要让孩子尊重别人的隐私，学会与别人分享。比如当其他人说什么有趣的事儿时，孩子要学会倾听。孩子也要学会与他人分享一些有趣的事儿。孩子这样做就能很快地融入集体。

4. 学会独立

每一个孩子离开家庭，来到一个陌生的环境中，都多多少少会有一点儿孤独感。面对这种孤独感，我们建议让孩子学会克制，因为成长本身意味着独自面对越来越多的问题。孩子只有自己克制住了，才会有所成长。比如入校一天到两天，孩子可能就会想家。孩子如果克制一下，就能坚持三五天。要让孩子忙碌起来。忘记孤独的好方法之一是让自己想不起来孤独。如果每天有许多事儿要做，每天有许多人要交往，孩子自然不会感到孤独。

做好了这些衔接，相信孩子就能很快适应高中生活。

帮助孩子寻找归属感

心理学家弗洛姆认为：个体将自己归属于某个群体是一种个体本能的需要。他将这种需要称之为归属感。归属感能很好地避免个体的孤独感和寂寞感，给个体带来安全感，进而产生向上的合力。社会心理学研究结果表明：个体将自己归属于某一团体，并对其产生亲切、自豪的情绪体验，进而产生认同感、公平感、安全感、价值感、工作使命感和成就感，这些感觉最终都会内化为个体的群体归属感。

但是，在日常生活中，许多孩子在进入高中后找不到归属感。

孩子是否找到归属感，家长可以从以下几点来判断：

一是，孩子周末回家后会不会兴高采烈地描绘自己在学校里的事，或者学校里其他人的事。如果孩子很有兴趣地给家长讲这些内容，而且他感觉这些事情都特别有意思，那么他就有了对学校的认同感。认同感是衡量归属感的一个重要指标。

二是，孩子是否会给家长讲他们班里的事，特别是班主任的一些事。不论是一些"高大上"的事，还是老师的一些糗事。孩子是否会给家长讲一些班级活动，他在这些活动中做了什么。如果孩子时常主动给家长讲班级的事情，表明他有了归属感。

三是，孩子是否会给家长讲宿舍里发生的事情。只要这些事情没有让孩子产生沮丧、难过、孤独等一些负面情绪，家长就可以基本确定孩子在宿舍里找到了归属感。

孩子的归属感越强烈，找到归属感的时间越早，孩子适应高中生活的能力就越强。

有的孩子之所以找不到归属感，或者很晚才找到归属感，是因为他们在这个群体中没有找到自信、价值等。我国现阶段的中考制度决定了能考上普通高中的同学一般是成绩优秀的。一些孩子会有一种无形的压力。这种压力会因为孩子所在学校、所在班级的不同而有所不同。压力越大，一些孩子就越没有自信，找不到自己的位置，看不到实现自己价值的地方，那种不安全感、孤独感就表现得越强烈。

在孩子即将跨进高中之前，家长就要提醒孩子做好以下工作：

1. 积极主动地做事

一般来说，高中开学第一天，主要是报到、领书、领住宿物品，之后是军训。在这个过程中，班主任会有许多的事情需要同学们来协助完成。班主任都希望有一个同学能很好地完成自己交代的事情，甚至帮着自己组织班级活动。如果你的孩子时常在班主任身边出现，那么，班主任就会给你的孩子安排一些事情，他就会早早地记住你的孩子，并且自然而然地安排你的孩子处理更多的事情。当你的孩子多次代表班主任来安排事情的时候，你的孩子就借助班主任的权威建立了自己在这个集体中的自信。

2. 积极主动地表现

无论是领取物品，还是军训，总会有许多场合需要孩子贡献自己的力量。比如在军训期间，教官会让孩子们唱歌，如果你的孩子有音乐方面的才华，就可以领着大家唱，或者唱给大家听。如果你的孩子爱组织活动，就可以站出来帮助班主任组织。你的孩子为其他人做得多，其他人就会记住你的孩子。你的孩子就能在集体中快速地找到个人的价值。

3. 主动担当责任

无论是班长、团支书、纪律委员，还是课代表、小组长、舍长等，一个班级需要十几个小干部来进行日常的管理。每一个职务都代表着一份责任。

很多家长觉得舍长容易得罪人，每天要安排其他同学值日。一旦宿舍出了任何问题，舍长首先被班主任问责。但是这些家长没有意识到，越是容易被班主任问责的地方，越是能体现孩子能力的地方。班主任都特别关心宿舍的内务纪律。如果有一个宿舍从来不出问题，这个宿舍就会成为班里的标杆。如果哪个宿舍老是出问题，这个宿舍就会成为班主任重点关注的对象。被班主任关注的宿舍，往往都是因为问题多，但问题多往往是由集体造成的。问题多的地方才是孩子担当责任、体现管理能力的地方。如果孩子没有竞选上班长、团支书等职务，可以竞选一下舍长。竞选舍长往往是相对容易成功的。家长可以提前教孩子如何管理好宿舍。

第一，要让孩子学会处理好自己的内务。比如如何叠被子，如何铺床单，如何摆放洗漱用品。提前在家学会这些内务工作，孩子就可以教给同宿舍的人，树立自己的威信。

第二，要给孩子一些基本的管理建议。比如安排好每天值日的具体内容，最好把每一项内容具体到人。

第三，在军训期间，每天坚持检查值日情况，督促值日生落实。因为很多同学没有住宿经验，更没有打扫卫生、收拾卫生的习惯，所以需要他人督促完成。

第四，控制好时间。如果学校 6:40 吃早饭，让孩子把闹铃定在 6:10，早一点儿把大家叫醒，这样收拾各自内务的时间就长一些。同宿舍的人一定要时间一致，不能出现有人早起、有人晚起的情况，因为个别晚起的同学会弄脏已经打扫好的公共卫生。

第五，要明确管理制度。苏联教育家马卡连柯曾说，集体的形成是一个从集体组织者的要求，到个人在集体要求的基础上向自己提出要求的过程。也就是说，新集体在形成初期，集体组织者要制定一些具体的要求，如目标、纪律、规范等，然后集体中的个人才明白自己应该怎样做，这样才能把这些要求内化为自我的要求。在其他人还没有明确怎么开始高中住宿生活前，你的孩子就要给大家明确规章制度。如果等其他人都认为应该那样做的时候，你的孩子再去纠正，可能难度就大了。

当然，孩子的一些做法可能会让其他同学不舒服。家长要教给孩子做别人思想工作的方法。要让孩子将管理制度与班主任的要求接合，这样就不会让其他同学觉得这是孩子的要求。也就是说，越早建立制度，明确管理内容，管理者的管理反而越容易被大家接受。

当孩子做好这些工作后，相信孩子的宿舍能成为一个标杆。孩子就会因此成为让班主任放心的小助手，成为被他人尊重的人。

在社团中找到归属感

苏联著名教育家苏霍姆林斯基在《给教师的一百条建议》中讲："集体是一种精神的共同体。"他是借此提醒老师在建立班集体时要注意建立起学生的班级精神归属感。这也从另一个方面说明，任何一个班级在建立之初，都会有一些同学在班级内找不到精神归属感。

一、提前做好规划，选择一个适合孩子的社团

社团是因为共同的爱好与兴趣组织起来的特殊集体，这个集体从组建的那一刻就注定了成员之间有着共同的爱好、兴趣，在此基础上就会很容易形成一种精神的认同。在社团之中，学生会比在其他集体中更容易找到精神支持。建议家长与学生提前做好规划，选择一个适合的社团。

上高中时，选择一个好的社团，是一件非常有意义的事情。

新班级组建之后，因为现实原因，不可能人人都在班里担任班干部，也就是说不是人人都能得到表现的机会。当一个同学在一个班集体中找不到表现的机会，进而得不到认可时，他就会缺乏班级归属感与安全感。所以，我通常会鼓励学生加入社团，然后他就能在社团里找到与他志同道合的同学，找到表现的机会与舞台，找到自信与归属感。也就是说，社团会给孩子一个展示自己的平台，这个平台会让孩子找到自我价值，进而找到自我的归属感。

即使因为学业压力退出社团，社团成员之间的感情还在，这种感情会为孩子提供强大的精神支持。当孩子找不到其他途径倾诉时，社团的成员就会成为孩子最后的倾诉途径。

二、如何选择社团

在新学期开学时，每一个社团都会有一个内部的推介，会将一些相关资料推送给同学们。面对众多的社团，很多学生不知如何选择。

在这里我给大家一些建议。

如果你的孩子是外向型的，人缘很好，建议让孩子选择一些事务性的社团，比如学生会、民主议事会等。事务性社团，主要负责组织活动，和各种各样的人打交道，非常锻炼学生的协调能力、组织事情的能力、预判能力、与人合作的能力，甚至承担责任的能力。

孩子还可以选择一些专业性的社团，比如辩论社、演讲社、模拟联合国、模拟经济峰会等。专业性社团以培养孩子的某种专业能力为主。比如参加模拟联合国，能够增强孩子对国际关系的理解，提升模拟处理国际间事务的能力。辩论社，很像是模拟的法庭，主要培养孩子的逻辑思维能力、表达能力、倾听能力、合作能力等。

事务性社团的发展方向是优秀班干部、优秀团干部，而专业性社团是往大学的专业方向发展。建议家长在孩子进入高中之前，就和孩子一起选好社团。

同时建议家长，不要让孩子加入太多的社团。因为高中的社团活动时间基本是一致的，不同社团的活动时间会发生冲突，所以建议让孩子只参加一个社团，努力成为这个社团的佼佼者。

三、孩子选择了辩论社

我的孩子选择的是辩论社，原因是他在上初二的时候就作为志愿者，跟着青岛二中辩论队去马来西亚参加"精英杯"国际中学生辩论赛。这种经历带来的影响是潜移默化的。参赛的孩子们在机场转机的时候，一吃完饭，就马上清理桌子，准备比赛材料。回国的时候，已经半夜 12 点多了，一些参赛的孩子还在飞机上看书、做作业。这些孩子就自然成为我家孩子学习的榜样。

在参加辩论社的两年里，我的孩子先是代表班级参加了学校的"创新杯"班级辩论赛，获得"全程最佳辩手"称号；后来代表学校参加了在马来西亚举办的国际华语中学生辩论赛，获突出贡献奖，"最佳辩手"称号；参加"山海杯"国际辩论赛，获亚军。在这个过程中，我家孩子认识了一些世界知名辩手，也结识了来自世界各地的华人朋友。更重要的是孩子的语言表达能力、逻辑思维能力以及看待问题的深度与广度，在辩论的过程中都得到了极大的提升。这些辩论经验让孩子在香港大学、中国政法大学、中国科学院大学的面试中都获得了高分。

试想，一个在国际中学生舞台上有条理、有思想地表达自己对某一问题看法的同学，在面试场上也一定不会紧张。

很多辩论社的孩子选择法学专业。最终我的孩子在高考的时候也选择了法学。我们可以看到：在高一的时候让孩子选择一个好的社团，对孩子来说有多么重要。

奥赛的价值在于对自我的挑战

美国教育家杜威在《民主主义与教育》中提出：教育要在做中学。他认为人们在生活中所遇到的困难是思维的来源。也就是说，我们只有在生活中遇到了难题，才会思索解决疑难问题的方法，并在实践中检验方法的正误。思维能力就是在产生问题、解决问题的过程中得到提升的。

对于高中生来说，特别是优秀的高中生来说，奥赛的意义不仅仅是为了将来在自主招生、综合评价招生中获得加分，更重要的意义是在这个过程中挑战自我，结识更多优秀的人才，开阔自己的思路，提升自己看问题的高度，从而为自己的人生开辟一条新的道路。

如果孩子有时间，又不反对学习奥赛知识，我建议家长支持孩子上一些基础的奥赛课。

在孩子进入二中之前，我就知道二中的奥赛课老师是非常优秀的。但是我也亲眼见过一些学生在学了奥赛课之后，却没有取得理想的成绩，最终一事无成。所以有人给我打了一个比喻，高中生学奥赛，就好像是在两个山峰之间走钢丝绳，走过去，前途可能是一片光明；走不过去，可能会摔得粉身碎骨。也正是因为这样，在高一刚入学时，我没有让孩子选择奥赛课。

儿子是通过自主招生进入青岛二中的，他没有经历过中考，所以他比别的中考生多了一个多月自由支配的时间。那个时候，二中给自招的孩子推介了辩论和奥赛。很多孩子选择了奥赛。而当时因为我的错误认知，没有让孩子选择奥赛。事实证明，这是一个错误的决定。

孩子学习奥赛知识，并不代表孩子一定要凭奥赛特长参加高考。孩子可以不走奥赛的道路，可以不用凭借奥赛的成绩拿到高校的自主招生资格。但是有一点，当孩子到了高二，当他的文化课综合成绩排名非常高，当他要参加北京大学、清华大学或者其他大学的夏令营时，就会面临夏令营的考试。夏令营的试题大都涉及奥赛的知识，特别是北京大学和清华大学的综合营考试试题。

儿子参加了北京大学为期一周的夏令营，最后因为考试成绩不是很理想，没有拿到北京大学综合营"优秀学员"称号，也就没有获得博雅计划的加分。

当儿子第一次参加完夏令营之后，我就问他最难的是什么。他说是数理化，因为有很多内容他都没有学过。

比如数学，儿子经常拿满分，在夏令营考试时，他却发现有很多题目不会做。所以在高二暑假，我特意给儿子找了一位奥赛老师，让儿子跟着奥赛老师学习了 20 天。再次让儿子去北大参加冬令营之前，学校又组织他们学习了一个星期的奥赛。

在其他同学的推荐下，儿子又买了清华和北大学长们编写的《创知路》，在《创知路》中，有许多往年清华、北大的冬令营试题。

做好了这些准备，儿子的冬令营成绩远远超过了夏令营的成绩。后来在北京大学的高水平艺术团招生考试中，很多同学说北京大学的笔试题太难了，有很多数学题不会做。儿子则朝我微微一笑，因为这些题对他来说都太熟悉了，他基本上都会做。

事实上儿子在北京大学的高水平艺术团招生考试中弹奏水平并不是最高的，但是他的文化课成绩却是所有考生中最好的。这一切都要归功于他所学的奥赛知识。即使将儿子学习奥赛知识的时间加起来，也不超过 30 天。如果在时间相对宽裕的高一，就让孩子学奥赛，或许孩子早就拿到了高考加分优惠。

所以，我建议家长：如果孩子有能力又有兴趣，一定要让孩子参加一下数学、物理、化学、生物、信息这五大学科竞赛。

多一种特长，多一种选择

很多家长在孩子上小学的时候，会让孩子上特长班，比如美术、音乐。但是很多孩子在进入初中之后，特别是上初三的时候，学习时间紧张，又不想在中考时走特长生这条路，很多家长就不让孩子上特长班了。在孩子上初三的时候，暂时让孩子放弃特长没有问题，因为初三的孩子学习时间紧张，放弃这些特长，集中精力去学习文化课，考一所好的高中，这是理所当然的事情。但是，在孩子进入高中之后，特别是在学习还不太紧张的高一、高二，如果孩子有兴趣，家长就应该让孩子继续上特长班。

因为现在的高考招生，除了纯文化课考试之外，还有综合评价招生考试、强基计划、高水平运动员考试、高水平艺术团招生考试。

在这里，我先简单介绍一下高水平艺术团招生考试。

所谓高水平艺术团，是指一些高校，因为历史原因，没有音乐系，但是音乐作为艺术，又是大学生活必不可少的内容。许多高校就会设立大学生艺术团，用来推进高校美育工作的开展，繁荣校园文化生活，提升学校的艺术品位，同时承担一定的演出任务，引领、辐射和带动高校相关艺术教育的发展和提高。因此，艺术团主要招收艺术团首席表演者或对幼功要求高的相关专业项目的成员，不招收与艺术团项目无关的艺术特长生。

要想在高考时走高水平艺术团这条路，孩子一般要有幼功，也就是从小时候就学习艺术特长。如果孩子从小学习艺术特长，建议家长一定让孩子坚持学，因为能坚持下来的人不多，而那些坚持下来的人，往往都成功了。

马云就曾打过一个生动的比喻，他说成功不在今天，也不在明天，而在明天晚上，但是很多人都倒在了明天晚上之前。所以在高中时，让孩子继续学习艺术特长，是一件成功概率很大的事情。

目前招收高水平艺术团考生的高校有很多。高考时只要学校招收孩子所擅长的特长专业，孩子就可以报考这所学校。在这里我提两条建议，一是只要各高校的考试时间不冲突，建议让孩子多考几所学校，这样成功的可能性更高；二是所考学校要呈现出一个合理的分差，比如北京大学、北京航空航天大学（北航）、中国政法大学（中政法）、西北工业大学（西北工大）等，这几所学校的录取分数在近几年基本上相差 10~20 分，比如孩子考了 670 分，加上 20 分可以上北大；如果孩子考了 650 分，加上 20 分可以上北航；如果孩子考了 630 分，加上 20 分可以上中政法；如果孩子考了 610 分，加上 20 分可以上西北工大。也就是说，无论日后孩子的文化课考得怎样，只要不出现大的失误，合理的分差会让孩子选择的机会更多，这就在无意之中给了孩子很大的自信心。

但是不管考生参加几所学校的测试或与几所学校签约，填报志愿时只能选报一所高校。考生报考时要参考自己的特长水平和文化课成绩，选择把握较大的学校。

2019 年招收高水平艺术团的高校有 53 所：北京大学、清华大学、中国人民大学、北京师范大学、北京理工大学、北京科技大学、北京化工大学、北京交通大学、北京邮电大学、北京航空航天大学、中国农业大学、北京林业大学、北京中医药大学、中国政法大学、对外经济贸易大学、中国地质大学、南开大学、天津大学、大连理工大学、吉林大学、哈尔滨工业大学、复旦大学、同济大学、上海交通大学、东华大学、华东师范大学、上海财经大学、南京大学、东南大学、南京航空航天大学、南京理工大学、河海大学、南京农业大学、中国药科大学、浙江大学、厦门大学、山东大学、中国海洋大学、武汉大学、华中科技大学、华中农业大学、湖南大学、中南大学、中山大学、华南理工大学、四川大学、西南交通大学、电子科技大学、重庆大学、西安交通大学、西北工业大学、西北农林科技大学、长安大学。

高校高水平艺术团的招生，有的会优惠到一本线，也就是说孩子的文化课成绩只要达到了所在省份的一本线，就有希望被这所高校录取。

2019 年，各种特长招生优惠政策收紧。比如对于低音提琴考生，清华大学的高水平艺术团优惠 60 分，北京大学的高水平艺术团优惠 20 分。

一开始让孩子参加北京大学、北京航空航天大学的高水平艺术团考试时，我感觉优惠 20 分好少，优惠幅度不大。所以我只让我儿子参加了北京大学和北京航空航天大学的高水平艺术团的招生考试。之后我儿子就全力以赴地准备"一模"考试。"一模"考试之后，各高校开始公布自主招生简章。这时我才惊讶地发现 2019 年的高校自主招生简章几乎是统一的：要求五大学科竞赛省级一等奖或二等奖以上。儿子没有参加奥赛，几乎没有资格参加任何一所学校的自主招生考试。只有中国政法这所学校，竟然不要求奥赛。于是立刻让儿子报了中国政法大学。但是中国政法大学要求考生只能报一所自主招生院校。我也没有纠结。因为我家孩子之前已经有了两所高校的高水平艺术团降分优惠。

但是很多学生放弃报考中国政法大学的自主招生，因为一旦报考中国政法大学，就只能报中国政法大学一所学校，如果失败了，那就意味着自主招生之路走到头了。我这时才发现北大、北航的高水平艺术团给的 20 分优惠已经是 2019 年所有自主招生高校中给予的比较高的优惠分数了。毕竟，我家孩子其实在音乐特长上并没有花费太多的精力，却拿到了 20 分的优惠。

事实证明，让孩子坚持学习音乐，是一个很不错的选择。

对于孩子的艺术考级，我之前并没有重视。在孩子上高一、高二的两年中，我都没有让孩子参加艺术考级。后来我看到，在很多高校的高水平艺术团招生简章上，都要求考生必须有考级证明，这才让孩子报考了山东省艺术教育委员会的考级。在这里，我要感谢青岛二中音乐老师的提醒，很多高校不承认山东省艺术教育委员会的考级，最好考中央音乐学院或上海音乐学院的考级。所以，孩子又考了上海音乐学院的考级。事实证明这位音乐老师的提醒是对的。

在每一次考级之前，孩子都会认真地练习一段时间，考级没有耽误孩子的学习，反而提高了孩子的艺术水平。

北京大学的自主招生考试实行网上报名，并按照要求寄一些资料。孩子之所以能顺利地通过北京大学的初试，就是因为在给北京大学寄材料的时候，除了寄所取得的上海音乐学院的十级证书和山东省的十级证书之外，还寄了一段由专业的录音棚录制的视频。

北京大学和清华大学两个学校的高水平艺术团招生考试是同时进行的。我先带孩子去清华大学考试。清华大学没有初审，初试就是现场演奏，结果在演奏现场就刷下去一大批人，剩下的考生再进入笔试环节，笔试完之后再进行面试。

因为清华大学是当年最早开始自主招生考试的高校，再加上清华大学的优惠分数较多，所以吸引了很多考生报考。听几个拉低音提琴的江苏考生聊天，得知他们经常参加一些国际演出，儿子就有点儿心慌。其实儿子没有意识到：许多考中央音乐学院的艺术生也会来清华大学试一试，一是看自己在全国特长生中的位置，二是增加一些考试的经验。听到别人拉出来的曲子确实比自己拉得好听，儿子就有点儿慌，结果他就没有通过清华大学的初试。

这次的失败让儿子很受刺激。知道消息的第二天一早，儿子就在宾馆里开始练琴。

北京大学的高水平艺术团招生面试分两个环节。第一个环节是演奏自己熟悉的曲子，就是自己报的曲子，这首曲子也是儿子提前录过的曲子。所以在高三的时候，建议家长让孩子专门练一首或两首曲子。第二个环节是现场视奏。在北京大学的现场视奏环节，其实儿子当时表现得并不是最好，也可能与现场视奏比较难有关。总之儿子感觉现场视奏的效果不是太理想。

所以，去北航参加考试的时候，儿子就重点练习了视奏。练习的方法就是在北航的宾馆里面，随意找一首曲子，严格按照考试的程序，限定四分钟的准备时间，然后一分钟演奏，如此训练了十几首曲子之后，视奏的效果就明显好多了。

总之，随着考试次数的增加，儿子的演奏水平与视奏水平在不断地提高。

还有很多家长会问，练习音乐特长和学习文化课之间有矛盾冲突吗？其实单就时间上来说是有矛盾与冲突的，但是我认为两者在效率上不见得会有冲突。因为孩子整天只做作业的话，身心得不到放松。每天拿出一两个小时的时间练习音乐特长，让大脑转换一下思维方式，我认为这是一种很有效的休息方式。这种休息方式，并不是让大脑空白的休息，而是通过转换大脑惯有的思维方式来达到让大脑休息的目的。因为老是重复一种思维方式，大脑容易累。从这个意义上来说，学习文化课和特长对孩子来说，并不矛盾，反而还会提升孩子的学习效率。

因此，如果孩子不反对，建议家长让孩子坚持练习特长。

摆脱偏见，悦纳老师

孩子进入高中之后，可能会将自己的高中老师和初中老师做对比，也可能会在自己班的老师之间做对比，也可能会拿自己班级的老师与别的班级老师做对比。其实这些对比可能是无意识的。有的孩子也会在家长面前提到自己的老师，甚至很多孩子会在开玩笑时说起自己的老师。如果家长在这个时候说"人家的老师真好"，那么孩子的一个无意识就被家长强化成了有意识。

一些孩子很难用意志去学习，他们往往靠兴趣学习。这些孩子如果喜欢某一位老师，他们就喜欢学这门课。因此，引导孩子积极评价自己的老师，并且摆脱偏见，悦纳老师，就成了高一家长的一项重点工作。

一般来说，家长可以通过专题推介、思想引领、净化环境、讲好故事四个步骤，达到让孩子悦纳老师的目的。

一、先入为主，提前准备，一一展现老师的优点

首因效应是由美国心理学家洛钦斯首次提出的，它反映了在人际交往中主体信息出现的次序对印象形成产生的影响。首因效应是指在人际交往中，给人留下的第一印象至关重要，对印象的形成影响很大。洛钦斯在 1957 年做过这样的实验：他向四组大学生介绍某个陌生人，在向第一组大学生介绍时说这个陌生人是一个性格外向的人；在向第二组大学生介绍时说这个陌生人是一个性格内向的人；在向第三组大学生介绍时，先说这个陌生人是一个性格外向的人，后说这个陌生人又是一个性格内向的人；在向第四组大学生介绍时，先说这个陌生人是一个性格内向的人，后说这个陌生人又是一个性格外向的人。一段时间后，洛钦斯要求四组大学生来描述一下他们所结识的这个陌生人，结果四组大学生的描述与洛钦斯提供的信息基本相同。这就是第一印象作用，或者说先

人为主效应，它是指个体在社会认知过程中，通过"第一印象"最先输入的信息对客体以后的认知产生的影响作用。从中我们可以发现，第一印象作用最强，持续的时间也长，比以后得到的信息对于事物的整个印象产生的作用更强。

所以在新学期开始前，家长可以给孩子介绍一下各科任课教师。家长需要注意：尽量多说每位老师的优点，可以是教学经验丰富，可以是专业特长突出，可以是注重生活品质，可以是活动组织能力强。只要家长去发现，就一定会找到每位老师的诸多优点。家长的全面推介也会给孩子这样的暗示：每一位老师身上都有值得他人学习的地方。

二、做好思想引领，让孩子正确认识老师的优点与不足

经过一段时间的相处，一些孩子依然会对某位老师产生偏见。这时家长就要对孩子做好思想引领。

1. 伤害来源于偏见，改变偏见是避免伤害的方法

在《吕氏春秋》中，有一则寓言《疑邻盗斧》：有个乡下人，丢了一把斧子。他怀疑是邻居家的儿子偷的，便观察那个人。这个乡下人发现那人走路的样子，像是偷斧子的；看那人的脸色和表情，也像是偷斧子的；听那人的言谈话语，更像是偷斧子的。那人的一言一行，一举一动，无一不像偷斧子的。不久后，乡下人在翻动自家的谷堆时发现了斧子。第二天，乡下人又见到邻居家的儿子，就觉得那人不再像是偷斧子的人了。

这个故事告诉人们：为人处世要实事求是，从实际出发，不能凭空猜想。通过这个故事，我们还可以这样思考：这个乡下人，在没有找到斧头前心里是什么滋味？这个乡下人怀疑邻居家儿子是小偷，但是他没有证据，只能是看什么、听什么都像是看贼一样，他一定非常难受。但是对于邻居家儿子来说，他什么也不知道，他所做的一切、所说的一切都是自然而为的，并没有什么不适。倒是怀疑别人的人，心里无比地别扭。如果不是后来发现真相，那么这个乡下人可能一辈子都要在猜测、生气、难过中度过了。最后受伤害的只有这个乡下人！

事实上，我们曾对高三毕业生做过一项调查，调查的问题是："如果你不喜

欢某科教师，你会怎样做？最后的结果如何？"通过调查发现：凡是与不喜欢的老师反着干的同学，这一学科的成绩大都比较差，甚至影响高考。

孩子对老师的不信任，只会让孩子不舒服。孩子又必须天天与老师相处，这个时候孩子的这种不舒服感会更加强烈。出于公平的原则，学校也不可能在短期内进行教师的调整，所以，最终受到伤害的一定是自家的孩子。

2. 尊重与爱能把弱科变成强科

记得有这样一个故事，说的是一位名叫亚瑟的国王被俘，对方国王问亚瑟一个问题：女人真正想要的是什么？亚瑟如果能回答出这个问题，便可以获得自由。

期限马上就到了，亚瑟依旧没有想到满意的答案。亚瑟只好去找女巫。女巫答应了他的要求，但条件是她要和亚瑟最高贵的骑士，也是亚瑟最好的朋友嘉文结婚。

亚瑟惊呆了，他看着女巫，驼背，奇丑无比，只有一颗牙齿，身上散发着如臭水沟般难闻的臭味。而嘉文高大英俊，诚实勇敢，是他们国家最勇猛的骑士。亚瑟说："不，我不能为了自己的自由而让我的朋友娶你这样的女人！"

当嘉文知道这一消息后，对亚瑟说："我愿意娶女巫，为你和我们的国家。"于是亚瑟将嘉文的婚事公布于众。女巫也遵守约定回答了这个问题："女人真正想要的，是主宰自己的命运。"

于是亚瑟获得了自由。

新婚之夜，嘉文不顾众人的劝阻走进了洞房，准备面对一切。然而一位绝世美女躺在了他的床上。此时，这位绝世美女说："我在一天的时间里，一半时间是丑陋的女巫，一半时间是倾城的美女。亲爱的嘉文，你想要我白天变成美女，还是晚上变成美女呢？"

面对如此残酷的问题，如果你是嘉文，你会怎样选择？

嘉文回答道："既然你说女人真正想要的是主宰自己的命运，那么，你白天或晚上是哪一面，我尊重你的选择！"女巫听后，热泪盈眶："我选择白天和晚上都是美丽的女人，因为你的尊重。"

这个故事其实想告诉我们：尊重可以把女巫变成女神。

任何一位老师都有女神一样的优点，也都有女巫似的不足。但是如果孩子尊重自己的老师，并且在学习中学会爱自己的老师，那么老师就会成为孩子的女神。

就像无法选择自己的父母、自己的生活一样，我们有时也无法选择自己所处的环境。既然无法选择，我们首先要学会适应，之后在适应中学会尊重。尊重的意义在于即使知道他人的不足，我们也不苛求他人改正不足，而是尽可能地发现他人的优点，利用他人的优点，从而达到和谐相处、自我促进的目的。

三、净化班级家长群的舆论环境

破窗效应是犯罪学的一个理论，该理论认为环境中的不良现象如果被放任存在，会诱使人们效仿，甚至变本加厉。以一幢有少许破窗的建筑为例，如果那些破窗不被修理好，可能会有破坏者破坏更多的窗户。最终一些人甚至会闯入建筑内，如果发现无人居住，也许就在那里定居或者纵火。一面墙，如果出现一些涂鸦，没有被及时清洗掉，很快，墙上就会布满乱七八糟、不堪入目的东西；一条人行道上有些许纸屑，不久后就会有更多垃圾，最终人们会理所当然地将垃圾顺手丢弃在地上。

在教师评价中也存在破窗效应。如果学生对于某个教师开始出现不好的评价，而这些评价又没有及时得到家长的反馈处理，那么这些评价就像破窗中的第一块被毁坏的玻璃、墙上的第一笔涂鸦、街道上的第一片纸屑一样，迅速漫延至每一个孩子。

家长要及时了解孩子对老师评价，一旦发现孩子对任课老师有消极评价，就及时向班主任反馈，遏制那些有意或无意的负面评价在班级内蔓延。

四、做好与任课教师的沟通工作，拉近师生距离，正面塑造教师的良好形象

家长可以私下与任课教师沟通，介绍自己孩子的特点、特长，让孩子给老师留下一个积极、正面的印象，以便让老师重视自己的孩子。这样老师就会表

现出对孩子的赏识。家长也可以约个时间，与老师见面，正面表达对老师的感谢，可以多向老师表达孩子对他的尊敬与崇拜之意。听了这些话，相信没有一个老师会不高兴。而且孩子对老师的感激与崇拜会提升老师的自信心，从而快速提升老师的教育水平。

同时，家长也要找一个专门的时间，给孩子讲讲老师对孩子的评价。这些评价一定是积极的、具体的，最好是孩子做过的具体事例。要让孩子相信，老师对他的积极评价是符合事实的，老师没有应付，也没有夸大。如此，孩子就会相信老师是真的喜欢他。

通过家长的努力，老师与学生之间的关系就会融洽起来，从而营造出一种师生团结一致，共同向上的积极氛围。

做好高一第一次大考的准备

自我价值定向理论认为人们的实际行为受制于两个方面的因素：一是作为内部准备状态的态度；二是存在于外部的情境压力。行为是态度和情境压力二者的函数。用公式表示就是：行为 ＝ 态度 × 情境。

根据这个公式，在外部环境压力相对稳定的情况下，一种态度与具体行为之间一致性的高低，或对具体行为影响作用的大小，决定于这一态度的强度如何。态度越强烈，则有关的行为对个人的意义越重要，对个人的心理影响也越大，情境的相对作用也就越小。

所以，当孩子进入高中后，家长一定提醒孩子做好高一第一次大考的准备。因为如果孩子把第一次大考考好了，他的自我定位就高，自我认同感就强烈，外部行为自然也更加坚定。如果一个人在内心里认定自己是优秀的，他就不会随意降低对自己的要求。

进入高中以后的第一次大考，可以让孩子看看自己所处的位置。经过中考的筛选，凡是能进入一所好高中的学生，基本上是每个学校、每个班级的前几名。在初中时，有的学生是班级第一，有的学生是年级第一。数量众多的第一名，会因为各个初中的教学水平不同略有不同，也会因为孩子进入高中后的学习态度与学习习惯的不同而有所不同。那么这个差异到底有多大呢？需要高一第一次大考来说明。

至于初中成绩对于高中成绩的影响，我没有研究过。但是我要说的是，初中知识和高中知识的相关性并不大。也就是说，孩子上初中时的名次和名次所反映出来的智力水平，与上高中时的名次并不是特别相关。

那么，高中第一次大考与以后的成绩排名又有什么关系呢？

我觉得很重要的一点是有了自信和定位之后而产生的对自我的要求与约束。

当大家都不知道自己在一个团队中到底处于什么位置的时候，如果孩子突然间有机会站在最前面，而且指挥着大家去做事情或者带领着大家做事情，那么这个孩子在很大程度上会成为这个团队的领导者。

这个时候的孩子，自然而然地会觉得自己就是这个样子，自己就是有这项能力。

老师们也会给孩子更多的机会，让孩子表现、锻炼自己，提升孩子的能力与自信。

为什么进了一个新团队之后，要先力争去做一个班干部，然后力争在第一次考试时考出优异的成绩来？如果全年级 800 人，孩子考了年级 600 名或700 名，孩子自然就会觉得，人家都比他厉害得多，他的成绩都快垫底了。孩子如果又觉得自己的成绩与努力并没有成正比，就很有可能自暴自弃。

但是，如果孩子在高中第一次大考中，一下子就考到了年级前十名，他对自我的认知就不一样了。也许孩子在初中时并不是最优秀的，也许孩子所在的初中也不是特别有名，但是考试成绩让孩子充满了自信。抱着"我很厉害"的心态去学习，去要求自己，哪怕后面参加了很多的活动、很多的社团，甚至承担了班级里的、学校里的工作，孩子也不会让自己在学习上放松下来。当孩子在学习上不放松的时候，他就会自己找时间去学习，提高学习效率。好的开始意味着成功了一大半。

如何引导孩子正确对待异性交往

从个体社会化的角度来看，异性交往在促进中学生完成社会化进程、实现个性健全发展方面具有重要的作用，它既可以满足中学生正当的心理需要，又可以促进中学生性角色的形成。更重要的是正常的异性交往，可以促进中学生的心理互补性发展（比如在思维类型上，女生多擅长形象思维，而男生多擅长抽象思维；在认知兴趣上，女生多喜欢文科，男生多喜欢理科；在解题风格上，女生在基础知识方面上有明显优势，而男生在灵活性、创造性方面略胜一筹），还有助于中学生今后妥善处理婚恋问题。所以当孩子与异性交往过密时，家长不必大惊小怪。家长应该这样想，这说明孩子的发展一切正常，该经历的都要经历，做好引导就是了。

异性交往高峰期往往会出现在初三下学期和高一。这是因为上初中的时候，孩子白天在学校学习，晚上必须回家，留给孩子自由支配的时间相对较少。初三下学期，随着学习压力的增加，毕业季的临近，很多孩子就会大胆地向异性表白。进入高中，孩子开始住校，晚上不回家，完全脱离了父母的管制，又有了很多可自由支配的时间。随着生活习惯的改变，可自由支配时间的增加，异性之间接触机会的增加，异性之间交往的概率就会大大提高。这个时候就会出现另一个异性交往的高峰期。家长该如何引导孩子正确对待异性交往呢？

我认为应该鼓励孩子大胆地去和其他同学交往，包括男同学，也包括女同学。鼓励孩子与他人交往，恰恰是为了让孩子对异性有一个全面的认知。很多人在和异性交往的时候，会有交往障碍，这是一个很可怕的问题。一些不懂得如何与异性交往的人，往往更容易受伤。

在这里，我要重点提醒家长的是，在孩子进入高中之前，就告诉孩子异性交往之间的底线。

母亲作为女孩子的首要负责人，父亲作为男孩子的首要负责人，要告诉孩子，在异性交往的过程中，哪些底线是不能触碰的。这是对别人的尊重，也是对友谊的尊重。要提醒孩子在不能确定未来的情况下，一时的冲动可能会对别人造成伤害，这实际上是一种不负责任的表现。这是做人的底线，也是交往的底线。

在交往的过程中，孩子该如何处理好早恋与学习的关系？

高中生之间的异性交往大都是因为共同参加活动或者共同学习而产生的。很多学生并不认为早恋会耽误自己的学习，他们反而认为早恋能让自己的生活充满激情。因为他们想在异性面前表现出优秀的一面，所以感觉自己充满了动力。事实上这种情况确实存在。

但是早恋为什么会耽误孩子学习呢？

早恋在初期并不会耽误孩子学习，只有恋情发展到一定程度，才开始耽误孩子学习。因为恋人之间的交往，不是普通的人与人之间的交往，也不是普通朋友之间的交往。普通朋友之间的交往是不受任何约束的，也就是说我可以交很多朋友，对方也可以交很多朋友，我可以交往除对方之外的任何人，对方也可以交往除我之外的任何人。

但是，恋人之间的交往就不同了，它具备约束与限制的特点。也就是说如果我和你明确了恋爱关系，我就要对你忠诚，你也要对我忠诚，这就在无意中限制了双方与别人的交往。但是孩子在这个年龄段又不可能不与别的同学交往。刚开始谈恋爱时，两个孩子感觉非常好，慢慢地就会感到一些不舒服，受到一些限制。两个孩子的情绪就开始受到影响。情绪受到影响后，两个孩子就会产生一些思想的波动，继而无法集中精力学习。当孩子无法集中精力学习时，学习成绩就可能迅速下滑。甚至有的孩子还会走向另外一个极端，那就是用成绩的波动，来表明自己的爱意。

曾经有一个女孩，她特别想帮男孩的忙。这个男孩的家庭条件不是很好，他的责任心很重，心事也很重。而女孩的家庭条件优越，她无法体会这个男孩的感受。女孩非常喜欢男孩，特别想帮他，但又觉得帮不上他，于是她就开始放弃学习。女孩认为如果她的成绩不如男孩的，对男孩可能是一种安慰。女孩让男孩给她讲题，让男孩在讲题的过程中找到自信。为此，女孩不再认真地对待考试，最终学习成绩一路下滑。

所以，家长一定要教给孩子如何处理自己与异性之间的关系、自己与学习之间的关系、自己与其他同学的关系。孩子可以与异性之间有较好的关系，家长不要过早地把这种关系定义为早恋。

在住校隐私冲突中，学会深度交往

杜威在《我的教育信条》里面说学校是一种社会组织，教育是一种社会过程。在这种社会生活的形式里，凡是能有效地培养儿童分享人类所继承下来的知识的一切手段，都被集中起来。

在高中，宿舍就是学校里更小的社会组织，而且是一种非常特殊的组织，特殊就特殊在这里不太关乎学习，只注重吃喝与生活；这里空间狭小，很少有隐私存在；这里让很多人讨厌，离开后又让很多人终生难忘。

进入高中之后，有些家长不放心孩子，或者家就在学校附近，或者担心孩子在学校里养成各种不好的习惯，选择不让孩子住校。

但是家长必须明白一点：高中是孩子从青少年到成人的一个很重要的过渡阶段。如果在这个时候，家长选择不放手，可能不利于孩子的成长。

高中住校是孩子从家庭走向社会的一个过渡阶段。高中就相当于是一个小型的社会。孩子要在宿舍（四个人或六个人，甚至八个人住在一起）这个狭小的空间里面与别人相处，这是一个非常好的学习机会。

孩子在家时，基本上都有自己独立的房间，有自己的隐私空间。但是高中住校之后就不一样了，六个人或者八个人在一间屋里，一切东西都是公开的，几乎没有隐私可言。他人的一些行为势必会影响自己，比如作息习惯、卫生习惯等等。

当自己的一些隐私展现在其他同学面前时，势必会有很多的冲突，比如有的同学可能不习惯别人打呼噜；有的同学不知道自己打呼噜，当别人给他提出来这个问题之后，他又不知道怎么处理；每天早晨要打扫卫生，有时还要监督他人搞好卫生。这时孩子会突然发现有很多人在那儿干涉自己，指挥着自己该怎么去做、如何去做，或者自己也在指挥着别人。孩子发现想要在宿舍里保护自己的隐私，追求自己独立的空间，是一件非常难的事情。

　　宿舍营造了一种环境，让孩子几乎完全暴露在别人面前的环境。这个时候，孩子要学会如何处理与舍友的关系。

　　在这种完全暴露在别人面前的空间之中，一个人如何保护好自己的隐私，如何与别人交往呢？这需要孩子们具备深度交往的能力。

　　我认为学校宿舍是深度交往能力培养的理想之地。所以，我建议家长让孩子住校，住校的时间可长可短，但绝不能因为心疼孩子而让孩子失去与人深度交往的机会。

要交几个知心朋友

俗话说："在家靠父母，出门靠朋友。"什么是朋友？不同的人有不同的解释。有的人说："同门为朋，同志为友。"还有的人说："同道为朋，同义为友。"还有的人说："同道为朋，齐肩为友。"

家长一定要鼓励孩子结交几个特别知心的朋友。

升入高中，孩子来到了一个陌生的环境。一个人要想在完全陌生的环境中长期生存，就需要找到一个同伴。这个同伴能给予孩子心理上的支持、学习上的互助、生活上的帮助。

家长如果发现孩子在进入高中一段时间后，都没有找到一个特别好的朋友，或者没有一个特别知心的朋友，就要去做一些工作，比如邀请孩子同宿舍的同学一起看电影，一起吃顿饭或者一起去爬山，创造机会，让孩子们之间加深了解。

我家孩子在高一的时候就有一个非常好的朋友，那个孩子是体育生。两个人经常在一起打羽毛球。

上高二的时候，我家孩子有个特别聊得来的同学，并且希望能与这个同学做同桌。我就鼓励孩子与同学商量，同时也征求班主任的意见。两个人同桌以后，彼此就有了一个很好的同伴，他们一起去吃饭，吃完饭之后，俩人一起在校园里逛逛，然后一起回到教室学习。无论在什么时候，我家孩子都不孤单，都觉得自己是有人陪伴的。在与朋友交往的过程中，孩子就会知道如何克制自己的情绪，如何为别人着想，如何维护一段友谊。

能为他人着想，其实是一种很重要的能力。一些孩子往往不注意别人的感受，只顾自己，心中只有自己，出现交往障碍的问题。到了高三，那些学习成绩非常稳定的同学，往往都是人际关系处理得非常棒的同学。

因此，家长要让自己的孩子学会交朋友，帮助自己的孩子在与同伴交往中学会理解和忍让，获得社会交往能力。

打好语文和英语学习的底子

在《普通高中语文课程标准》（2017 年版）中，有这样一段文字："语言文字是人类社会最重要的交际工具和信息载体，是人类文化的重要组成部分。语言文字的运用，包括生活、工作和学习中的听说读写活动以及文学活动，存在于人类社会的各个领域。"学生的语言文字功底是学好其他学科的基础。

我们先看一道 2019 年全国 I 卷高考数学题：

4. 古希腊时期，人们认为最美人体的头顶至肚脐的长度与肚脐至足底的长度之比是 $\dfrac{\sqrt{5}-1}{2}$

（$\dfrac{\sqrt{5}-1}{2} \approx 0.618$，称之为黄金分割比例），著名的"断臂维纳斯"便是如此。此外，最美人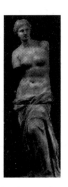

体的头顶至咽喉的长度与咽喉至肚脐的长度之比也是 $\dfrac{\sqrt{5}-1}{2}$。若某人满足上述两个黄金

分割比例，且腿长为 105 cm，头顶至脖子下端的长度为 26 cm，则其身高可能是（　）。

A. 165 cm　　　　B. 175 cm　　　　C. 185 cm　　　　D. 190 cm

这个题目难倒了许多考生。一些考生出了考场就开始哭。当天晚上这道题就上了"网络热搜"。但是在之后的试题评析中，教育部考试中心的专家说这道题代表着未来的出题方向。为什么这道并不被大家喜欢的数学题是未来的出题方向呢？

如果将这道题目变成以下这样，是不是就简单多了？

一个线段，AC比CD符合黄金分割，AB比BC符合黄金分割，求AD的长度。

但是高考数学为什么要那样考？

考试中心的专家解释说，这才是把数学基本知识与基本能力运用在具体问题上的尝试。也就是说，以后各科的考试，要尽可能地贴近生活，不能让学习

与生活分离。如果让知识与生活结合，势必产生一个问题，那就是要有具体的生活情境，而这个生活情境就像这道题目一样，需要大量的文字来描述这种情境。阅读量少、阅读能力差的同学做这类题目就有一些困难。

其实，近几年来，不仅是语文，数学、政治、历史、地理这些学科的阅读量也越来越大。但是很多孩子不阅读，或者有的孩子阅读面太窄，仅注重文学阅读，很少阅读社科类、新闻类、应用类的文章。一些知识面狭窄的孩子，一旦遇到社科类的文章，就会觉得特别陌生，把握不住文章层次，阅读的效率低下。家长应该让孩子广泛涉猎社科类、应用类以及新闻类的文章。

在这里，我首先推荐的一本书是《如何阅读一本书》（范多伦著）。这本书为我们指出了正确阅读社科类书籍的方法。由于这本书本身就是一本社科类书籍，因此我们就可以在阅读时，试用该书介绍的阅读方法。

等读完这本书后，可以给孩子推荐阅读以下几本书：《中国哲学简史》（冯友兰）、《中国文化读本》（叶朗、朱良志）、《纯粹经济学》《苏菲的世界》《未来简史》等等。这些都是哲学类、社科类或经济类书。阅读完这些书后，再去做语文阅读题或者英语阅读题，就比较容易。

从高考成绩的构成来说，语文和英语这两个学科也是非常重要的。高考总分750，语文、英语都是满分150分。无论孩子将来选择何种专业，选择何种科目组合，语数外三科都是必考科目。像北大、清华这样的名校，录取分数线基本是680分以上（满分750分）。这就要求考生不能有瘸腿的科目。

退一步讲，即使不考清华、北大，也要重视语文与英语的学习。虽然在学生和家长的心目中，语文和英语都特别重要，但是在实际学习中，语文与英语又特别不受重视。比如孩子往往会把语文、英语的作业安排在数理化作业后面。家长往往给孩子报数理化的辅导班，很少给孩子报语文辅导班。

当孩子想要提升英语和语文的考试成绩时，却发现，在短时间内根本提升不了。于是一些孩子就放弃了，专攻数理化。在这种重视、放弃，再重视、再放弃的过程中，一些孩子耽误了语文与英语的学习。

其实，语文和英语都是考察孩子的阅读能力与表达能力。阅读有一个量的问题，同时也有一个方法的问题。阅读是获得信息的过程。自然阅读是一个自然获得信息的过程。通过自然阅读获得的信息是没有条理的，也是不成系统的。

如果孩子阅读后没有回顾，没有梳理，没有思辨，那么通过阅读获得的信息就不成系统，是浅层次的。相反，如果孩子在阅读后有回顾、梳理与思辨，阅读的效果就会大大提升。

另外，一个人的表达能力也需要长期训练。阅读后的感觉是感性的，用语言表达出来却是一项非常理性的工作。要想把感性的东西理性、准确、条理清晰地表达出来，就需要接受长期训练。一个人只有长期进行语言表达训练，才能提高语言表达能力。

认真对待合格考试

合格考试包括高中课程方案规定的所有科目，即语文、数学、外语（英语、日语、俄语等）、思想政治、历史、地理、物理、化学、生物、音乐、美术、体育与健康、信息技术、通用技术等科目；成绩呈现为"合格"或"不合格"。"合格"或"不合格"的标准不是按比例划定的，而是按照学业质量来确定，60分合格，达不到60分就是不合格。

合格考试范围为各学科课程标准确定的必修内容。合格考试是高中生毕业、高中同等学力认定和春季高考高职（专科）录取的主要依据。另外，合格考试每学年组织两次，分别安排在每学年上、下学期末。高中生在校期间有多次考试机会，但不得早于高一下学期末。

为什么要认真对待合格考呢？一般来说，高一学生在参加合格考试之前，要学习语文、数学、外语（英语、日语、俄语等）、思想政治、历史、地理、物理、化学、生物、音乐、美术、体育与健康、信息技术、通用技术等十四门课程。要把有限的学习时间分摊到这么多课程上，每一科的学习时间是很少的。如果某一科目通过合格考试后，又不是高考的考试科目，那么孩子就可以结束这一科目的学习，多出一些时间来学习高考需要考的科目。

从学校的教学计划来说，一旦结束合格考，学校就会根据学生的选科情况进行走班。这时学校就会统计选择每一个科目的人数，并根据选择的人数确定班级的数量，安排教师与课时数。比如选择语、数、外、理、化、生的同学就可以不用学政、史、地了；选择语、数、外、政、史、地的同学就可以不用学理、化、生了。如果孩子选择语、数、外、政、史、地，但是没有通过物理合格考试，那么他就必须等一个学年再参加物理合格考。这就意味着孩子还要再学习一段时间的物理。关键是别的孩子都学习六科，这个没有通过物理合格考的孩子要学习七科，他哪有多出的时间再来学物理？另外，在这个时候，物理老师已经开始讲高考的内容了，此时的知识难度要比合格考的知识难度高许多，而且内容也不一致。即使孩子有时间去听物理课，这对他的物理合格考试又有什么作用呢?

一般情况下，孩子不把某一个学科当作高考科目，往往是因为孩子不太擅长学习该学科。让孩子学习不太擅长的科目，对孩子来说，是一种折磨。

综上所述，家长和孩子要重视每一个科目的合格考试。争取让孩子考一科就要及格一科。让孩子一步一个脚印，顺利地通过合格考试。在该干什么的时间，就让孩子干什么。让孩子跟上学校的教学节奏。

用手机唤醒生命的自觉

一些父母会给上高中的孩子配备一部手机，方便联系。手机的功能也越来越强大。比如手机上的搜题答疑 APP 软件，它能保证学生在遇到问题的时候及时查到答案。手机搜题答疑 APP 还提供了讲解的功能，可以辅导学生们学习。但是不可否认的是，对于一个高一的孩子来说，离开了家长的监督，手机也会对孩子产生一些不好的影响，比如当孩子在手机上学习或者浏览新闻时，时不时跳出的弹窗会吸引孩子的眼球。一些孩子就去浏览这些弹窗的内容，耽误了学习时间，而且容易对手机上瘾。

面对这些情况，家长该怎样引导孩子正确地使用手机呢？

有的家长采取比较简单、粗暴的方式——不许孩子带手机。学校老师都有电话，一旦有事，家长会给老师打电话。一些孩子刚进入高中，特别是刚开始住校的时候，会感到孤独，因为他们还不能很好地处理人际关系，所以，这个时候他们需要用手机每天与父母沟通。父母也需要每天了解孩子的情况。有的家长就采取让孩子带手机进校，但要放在宿舍里，不许拿着手机进教室的方法，每天晚上在孩子回宿舍之前，提前给孩子推送一些有趣的文章，让孩子感到快乐。家长有事的话就会给孩子留言或者打电话。

但是不可否认的是，如果不限制孩子使用手机的话，一定会影响孩子的学习成绩。如何正确对待孩子使用手机的问题呢？这个问题一直困扰着很多家长。

我认为，有时生命自觉意识的唤醒常常蕴藏在孩子没有自觉意识的不良习惯中，比如玩手机。手机是处在信息化时代的孩子不得不面对的一种诱惑。可以换一种角度思考：孩子在一生中要面临各种新生事物，不管是好的，还是坏的，家长都让孩子一味地排斥、拒绝，这不是一种好的家庭教育方式。

一些孩子在高中时没有玩手机，上大学后就疯狂地玩手机，成为一个严重的"手机控"，影响学业。

我认为，最好的教育不是拒绝，而是引导孩子勇敢地面对新生事物。只有全面认识新生事物才能充分利用"利"，充分规避"弊"。家长应该重在引导孩子正确地使用手机，并以此为契机，唤醒孩子生命中的自觉意识。

尊重孩子的选择，引导孩子的选择，最终让孩子学会自我控制。我家孩子上高一后，我也给孩子配备了手机。我家孩子属于比较自律的那种，但他依然控制不住自己。于是我就和孩子协商。协商的结果就是周一至周五，在校期间，所有上网时间（包括搜题、搜答案等的时间）1 小时，周六、周日每天上网 2 小时。家长与孩子商量好的事情，就一定要执行好，否则就失去了意义。

可喜的是我发现华为手机有一个学生模式功能。在这个模式下，可以设置手机上网时间，只有用密码才可以更改，这样就可以有效控制孩子每周的上网时间。没有特殊情况，我不建议家长们随意解开这个密码。平时上网时间 1 小时，周末 2 小时上网时间，足够孩子用的，孩子也不会感到特别难受。

家长要遵守约定，足够信任孩子，哪怕孩子利用约定的上网时间玩游戏。

现在的一些孩子一般都在网上通过虚拟游戏来达到与同伴交流的目的。玩游戏也是一种人际交往方式，只不过它是一种虚拟的交往方式。但是如果孩子不玩游戏，他和同龄人几乎就没有什么话题可以聊。游戏也是保证孩子与同伴有共同话题的一个前提。

有些家长就见不得孩子边玩手机边看电视的样子。当孩子玩手机时，家长就会表现出非常厌烦的样子。这样就造成了孩子不会在家长面前玩手机，或者不能坦然地玩手机。

与其这样，倒不如给孩子这样的态度：只要做好了作业，就可以在家长面前放心地玩。用孩子的话就是，学累了，要"颓"一下。家长周末在家时都要"萎靡"一下，何况孩子呢？放心地让孩子去玩吧。

家长的这种态度，会给孩子这样一种认知：只要他认真完成了作业，他就完全可以玩手机。孩子自然会提高自己做作业、学习的效率。这时候家长就会发现，手机又让孩子养成了一个好习惯：提高做作业的效率。

当孩子使用手机超时的时候，家长可以大度一点儿。比如，孩子因为用手机搜题答疑 APP 的时间太长了，没有了玩游戏的时间。这时不妨大方地给孩子解开密码，让他玩一会儿游戏。家长越是不计较，孩子也就越不好意思跟家长计较。这样做还会让亲子关系更亲密。否则，因为手机的事，家长和孩子得闹出多少家庭矛盾。

对于协商好的上网时间，家长不应再干预孩子怎样分配，让孩子自己自由支配。

家长要教给孩子这样的人生态度：无论面对什么样的诱惑，都要勇敢地去面对。在面对诱惑的过程中，要学会控制自己内心的那种欲望。这个社会其实是非常复杂的，想要在这个社会里好好生存，孩子需要具备一定的自控力。我们不可能让孩子完全与这个世界隔绝。一些家长发现，正确对待孩子使用手机的问题之后，孩子反而提高了面对诱惑时的抵抗力。

到了高三的时候，我家孩子反而自觉地说"我不玩手机了"，或者"我就不带手机了"。整个高三一年，孩子几乎就没有带手机上学。手机考验着孩子的自我控制能力。通过了手机的考验之后，孩子就好像长大了。

教育的出发点是生命。理想的教育应该是理解生命，尊重生命，相信生命，进而解放生命。当孩子是一个"手机控"时，作为家长的我们，要相信孩子，相信生命自醒的力量，用一个学期乃至更长的时间来守望生命，静心聆听生命花开的声音！

如何正确引导孩子使用电脑

如何让孩子使用电脑？这是令家长比较头疼的一个问题。我认为正确的做法是引导孩子用电脑做事，而不是用电脑玩游戏。

电脑的出现就是为了让生活变得更好，电脑的发展方向也是为了人类更加美好的生活。孩子的日常学习已经离不开电脑。电脑就像一把双刃剑。电脑上的各种资源大大提高了孩子的学习兴趣和学习效率。但同时，电脑上的网络游戏也让一些孩子浪费了很多宝贵的时间，给他们造成不良影响。

从这个意义上来说，电脑与手机一样，可以成为促进生命成长的利器，也可以成为生命沦落的加速器。

所以，对于这些有利又有弊的现代科技工具，家长的引导要侧重于挖掘孩子的内驱力，从而增强孩子自我管理的力量。

美国的趋势专家丹尼尔·平克在《驱动力》一书中说，我们需要对驱动力做一次全面的升级，驱动力3.0时代来临。

丹尼尔·平克发现：许多人放弃了原本收入不菲的工作，反而接受一份收入低，但使命感更强的工作；没有人管理维基百科的员工，但维基百科却是全世界最大的百科全书；奖励只能带来短期的爆发，就像少量咖啡因只能帮人们多撑几个小时，更糟糕的是，它还降低了人们继续这项工作所需的长期积极性。

丹尼尔·平克提出了驱动力的三大要素。一是自主：我做什么，我决定。这个时代不需要更好的管理，而需要自我管理的复兴。二是专精：把想做的事情做得越来越好。在办公室里，人们服从太多，投入太少。"服从"让人们能够撑过白天，"投入"却让人们能够撑过晚上。"控制"带来的是"服从"，"自主"带来的则是"投入"。三是目的：超越自身的渴望。如果一个人感觉不到自己属于更伟大、更长久的事物，他就无法过上真正出色的生活。

为此，家长一定要让孩子意识到他所做的事情是非常有意义的，而且他做得越精，意义越大。

为了吸引孩子读书，我让他读了好多"趣说历史"系列，之后他就想模仿着写历史故事。于是我就让孩子在电脑上写，后来他在小学六年级时就写成了《六二那些事》，一共几万字。写完这篇小说，孩子打字的速度就变得非常快了。更重要的是，孩子时常打开电脑阅读这些文字。我也会不时地鼓励孩子。

进入高中之后，每当孩子周末做完作业之后，我就引导他写一写自己这一周的生活，哪怕写一篇流水账似的博客，也是一件好事。我甚至给孩子承诺，等他考上大学之后，就将他写的文字与我写的文字整理一下，出版成书。家长可以从孩子的文字中看到孩子真实的想法、真实的做法。孩子也可以从家长的文字中看到家长是如何想的、如何做的。如果家长的做法与孩子的想法不一致，家长就要想一下应该为孩子做些什么。

这样，我把孩子看似随意的电脑写作赋予了一种积极的社会意义，这就是一种正面的引导方式。现在的孩子，已经不像我们那一代人。我们那一代人不是喜欢什么就做什么，而是社会、家庭需要我们做什么，我们就做什么。但是到了孩子们这一代，当生存已经不再是他们所需要考虑的问题，什么东西有趣，什么事情做起来特别有意义，他们就做什么。

要想让孩子正确地使用电脑，家长要教孩子合理安排学习和娱乐时间，让孩子提高内驱力。

如何有效利用搜题答疑手机 APP

使用一款中小学生搜题答疑手机 APP，只需要用手机给题目拍照，即可得到答案。许多孩子认为搜题答疑手机 APP 非常方便，每当自己遇到不会做的题时，打开搜题答疑手机 APP，立马就能得到答案，甚至还有名师免费视频解析。这比请教老师确实方便了很多。

在现实中，很多老师工作比较忙，有时候学生请教老师时，老师正好在处理其他的事情；或者当老师有时间时，学生正好有其他的事情。总之，学生问问题时会出现与老师时间不对称、老师解答不及时的情况。而搜题答疑手机 APP 很好地解决了这些问题，它能够让学生很快获得问题的答案，及时得到反馈。

但是搜题答疑手机 APP 在给孩子带来便利的同时，也给孩子带来了一个问题，那就是孩子深思的能力受到了极大的影响。

我们都知道，学生在考试时是肯定不被允许使用搜题答疑手机 APP 的。如果一些学生在平时养成了使用搜题答疑手机 APP 的习惯，在考场上就会出现这样两种情况：第一种情况是学生做题的速度非常慢，因为每遇到一个问题，他就下意识地想使用搜题答疑手机 APP，看看到底是不是这样做。第二种情况是学生一遇到做不出来的难题时，就害怕、心慌。因为在平时，这些学生一遇到难题，就习惯性地使用搜题答疑手机 APP 帮助解决，在考场上突然独立面对这些难题，就可能不知道应该怎么做了。

所以说搜题答疑手机 APP 有利也有弊。

家长要如何引导孩子利用搜题答疑手机 APP 带来的便利，以及如何消除《小猿搜题》带来的负面影响呢？

我的建议是：定时定量完成作业之后，再集中解决遇到的问题。定时定量，就是做任何作业，都要在规定的时间内完成。比如做一套试题需要一个小时，孩子就要在一个小时之内完成。在完成作业之后，孩子可以用搜题答疑手机 APP 去解决不把握或不会的题。也就是说，孩子要独立完成作业，独立解决各种疑问，独立面对各种困难。对于某些问题，孩子独立思考了，认真思考了，还是不能解决，此时可以用搜题答疑手机 APP 解决。这样做既及时处理了孩子的问题，纠正了孩子在做题过程中出现的一些认知偏差，又不会降低孩子解决问题的能力，不会影响孩子做题的速度。

在孩子做题的时候，让孩子把手机放在客厅里。孩子身边没有手机，他也就不会分心了。当孩子在应该玩手机的时候，家长不要干涉。

为什么不能干涉？因为家长不干涉，就等于默许了孩子可以在家长面前放心地玩手机。当孩子知道在家长面前玩手机是被允许的、是安全的时候，孩子就不会再把手机藏着、掖着了。既然在家长面前玩手机是可以的，那么孩子在学习的时候也就完全没有必要把手机放在自己身边了，因为孩子做完作业之后就可以自由地玩手机。这样，孩子学习的效率就大大提高了。同时，孩子和家长之间的相处也变得更加融洽。

如何提高学习效率

周末要不要给孩子请家教？对于这个问题，不同的家长会有不同的答案。我的答案是尽量让孩子自主学习。

有的家长可能会这样认为，我和老公都是老师，我家孩子当然不用请家教。其实，我和老公已经无法辅导孩子的数理化等学科了。即使我们俩分别是英语老师、语文老师，孩子也很少问我们俩问题。当我想去指导一下孩子时，他会说老师都讲过了，或者说老师给整理好知识点了，他就想自己完成事情。上了高三以后，孩子有个别学科不太理想，我就想请个老师指导一下孩子。孩子依然说，老师讲过之后，他需要自己复习整理。如果真有问题，他可以找自己的老师咨询。看孩子坚持的样子，我就没有坚持，而是选择尊重孩子的意愿。

孩子从小学到高中一直坚持周末自主学习，坚持音乐学习和健身运动，这得益于他非常高的学习效率。学习效率高，是慢慢培养出来的。

一、孩子做作业磨蹭的原因

常常有家长给我诉苦说，他家孩子做题速度特别慢，特别磨蹭。其实孩子做作业速度慢，一般来说有两个原因：

第一个原因是孩子对作业的要求高。

孩子为什么对作业要求细、要求好、要求高呢？在孩子很小的时候，家长在旁边陪着孩子做作业。一看到孩子做错了，家长就严厉呵斥，甚至让孩子重做一遍。家长的行为在无意中给了孩子这样的心理暗示：做事情一定要做到完美，做得不完美就必须重来。如果不想重来，就必须在做题的过程中小心翼翼。在这样的心理暗示之下，孩子做作业的速度就慢下来了。

第二个原因是家长不正确的引导。

孩子开心地说："妈妈，妈妈，我把作业做完了。"妈妈说："你真是一个好孩子！真棒！"这是对孩子快速完成作业的赞许。孩子听了妈妈的话之后会很高兴。但是妈妈接下来的话就是不正确的引导。"我给你买了一本习题集，你把这个再做一做吧。"这时家长就会发现孩子的神情瞬间就变了。

不知家长意识到没有，家长的这种行为让孩子意识到："作业复作业，作业何其多。与其快做完，不如拖一点儿。"于是一些孩子对待作业的态度就是拖延，因为他们发现尽快完成作业之后得不到奖赏，反而换来了更多的作业。这个时候，一些孩子就会下意识地拖延做题的时间。

综上，如果发现孩子做作业特别拖延，家长就要反思一下，有没有以上两种情况。

二、提高孩子学习效率的方法

方法一：尊重孩子，适当地给孩子放松的机会和奖励

为了提高孩子的学习效率，家长要尊重孩子，适当地给孩子放松的机会和奖励。这个奖励不是物质，不是金钱，而是给孩子时间，给孩子自由，给孩子自主选择的权力。这样的奖励反而更能提高孩子做题的效率。

方法二：让孩子形成自我检查、自我反思、自我落实的习惯

为了提高孩子的学习效率，家长要让孩子形成自我检查、自我反思、自我落实的习惯。当孩子上小学时，家长要提醒孩子在完成作业后自我检查、自我反思。等孩子上了高中后，家长要提醒孩子在周末时回顾本周的学习内容。刚开始，孩子可能需要家长的督促。坚持一段时间，孩子就基本上不需要督促了。

有的家长说："我不是高中老师，不懂怎么办呢？"在这里我建议家长去检查一下孩子的笔记本、课本，就会知道孩子有没有记下所学的内容。通过提问，家长就可以看出来孩子有没有认真听课。如果孩子只是听讲却没有记住知识点，那表明孩子落实得不好。

如果孩子把重点内容记在了笔记本上，家长就可以通过提问的方式，看孩子是否记住了笔记本上的东西。家长帮着孩子落实、反思、复习之后，孩子再独立地完成老师布置的周末作业。这就是一个很完整的学习过程。在这个学习的过程中，家长的督促能起到积极的作用，有助于孩子养成良好的学习习惯。

通过参加活动，获得成功的快乐

当孩子收获不到学习成功的快乐时，家长要多鼓励孩子参加一些与学习相关的其他活动，让孩子通过参加活动，获得成功的快乐。

有的家长可能会担心参加活动会耽误孩子的学习。

举个例子：如果你在单位里就是一个不起眼的小角色，什么事情也没有你的份儿。这个时候，你就处在自我否定与自我安慰的境地：你什么都不行，只要安安静静地当个小兵就行了！如果有一天，单位组织游泳比赛，只有你一个人会游泳，需要你来指导大家，并且带领大家训练。当你一下子站在众人面前，以指导者的身份来组织这件事并且获得成功后，同事们都对你啧啧称赞时，你是什么样的感觉？相信你会有成功的自豪感吧。你在这个时候会怎样评价自己呢？你一定会认为，你是一个有作为的人，你可以出色地完成一些事！

在组织大家游泳的过程中获得的成就感，会让你在工作中发生一系列的变化。也就是说，一个优秀的人是不会让自己在某一方面不优秀的。

同样的道理，当一个孩子在学习上感受不到进步的快乐时，家长要多鼓励孩子参加一些与学习相关的其他活动。孩子在其他活动中得到的快乐一样会促进学习。

苏联著名教育家苏霍姆林斯基就曾经在《给教师的一百条建议》中说：成功的欢乐是一种巨大的情绪力量，它可以促进儿童好好学习。请你注意无论如何不要使这种内在的力量消失。缺少这种力量，教育上的任何巧妙措施都是无济于事的。让学生体验到获得知识的快乐，乃是提高学生学习兴趣的重要条件。

我家孩子在高一时参加过各种各样的活动，比如辩论社、乐团、志愿者活动等等。在这里，我要特别感谢学校给孩子的全面发展、个性发展提供了良好的平台。

一、从辩论中获得成就感

在高一寒假时，孩子代表学校参加了在马来西亚举办的国际华语中学生辩论赛，比赛的结果并不太理想，他们止步于八强。但是作为高一的学生，他们第一次独立面对世界上的辩论高手，获得八强，这是一种很大的激励。到了高二，孩子再次参加国际辩论赛，获得杰出贡献奖和"最佳辩手"称号。

当学校的新闻报道中出现辩论赛成员的照片与名字时，他们对自己的认识与定位是："我是学校的优秀者。"因为一个人能在国际比赛中获奖，那就证明他不差。成就感会促使一个人努力考上一所好大学，因为只有在好的大学里，才会有更多展示自己的机会。

后来我就用优秀辩手们的升学经验引导学生们去了解北京大学、中国人民大学、中国政法大学等。结果那几个孩子当时就把自己的高考志愿定位在这几所学校上。

所以，当孩子在参加学习之外的活动并获得成功时，家长一定要利用成功的可传染性、可迁移性，指导孩子找到自己特长发展的方向，并且为孩子描绘未来的前景，让孩子为之憧憬，之后再给孩子找到招收这些特长专业的高校，以此来激发孩子考入这所高校的斗志。

二、参加全国作文大赛获得自信心

我家孩子还参加过北大的"培文杯"全国作文大赛。那是北大第二年举办"培文杯"青少年创意写作大赛。孩子一开始并没有期望获奖，只是抱着重在参与的心态。但幸运的是，孩子进入了决赛。当时我们计划去肯尼亚旅游，决赛的时间正好和我们旅游的日期相接近。幸运的是我们提前一天从肯尼亚回来，然后到北大参加决赛。孩子最终获得了全国一等奖。其实这要得益于两周的非洲之行。非洲之行让孩子体验到了异域的风景和文化。孩子在参加决赛时就把这些经历与体会用文字记录下来，作文题目是《走愈深，景愈美》。

决赛一结束，我们就返回了青岛，没有参加第二天的颁奖仪式。也就是说，当时我根本都没奢望孩子获奖。走之前孩子拜托同学，如果获奖的话，给他把证书捎回去就行，当时他以为自己最多能获一个三等奖或鼓励奖。没有想到第二天帮孩子领奖的同学说，孩子获得了一等奖。于是孩子就觉得自己在写作上富有天分。后来孩子就积极参加在上海举办的"新概念全国作文大赛"。

"新概念全国作文大赛"曾经培养出一大批知名作家。孩子参加"新概念作文大赛"的勇气来源于"培文杯"。于是孩子就相信自己在写作上是有一定优势的。这就让孩子对自己的语文成绩一直都很自信，重视语文学习。

无论参加哪一种比赛，孩子都会认真地研究。通过参加比赛的方式让孩子增加体验，这是一种很好的教育方式。比如，孩子在参加"新概念作文大赛"的时候，"新概念作文大赛"的老师特意给孩子们做了一场报告。听完这场报告后，孩子才真正懂得文学。原来一些孩子的作文构思，基本上是结果先行，也就是说在写作之前，就基本上规定了故事发展的结果，让人一看开头就知道结尾。但是真正的文学作品，都没有固定的结果。因为生活太复杂了，人性太复杂了。一些能够打动人心的文学作品大都涉及生活与人性。

我们平常的应试作文，其实是美化了的生活、理想的生活，真实的生活并不完全如此。在现实生活中，一个人绝不是非好即坏、非黑即白的，有时候黑中有白，白中有黑，好中有坏，坏中有好，这才是真实的人生。要想提高自己的文学写作能力，就必须深入地观察社会，观察身边的人。

孩子在参加完作文比赛后才真正地了解文学写作需要观察生活，体会人性，揣摩人物的心理。当我们再去旅游的时候，孩子开始观察身边的人，留意身边的景色，留意身边的事情。孩子开始用心去体验社会，用同理心去理解别人。孩子在写作中获得的成就感，让他认为自己就是一个优秀的人。这种对自我的认识与定位让孩子在以后的学习生活中不惧怕任何困难。

整体来说，孩子在高一的时候主要将精力集中在写作、辩论等活动上。现在来看，孩子参加的这些活动都是很有价值的。各位家长可以根据孩子的性格与特长，选择适合孩子参加的活动。

当孩子没有目标时，特长就是一盏明灯

家长只要拿着放大镜去寻找孩子的优点，相信一定能找到。只是在现实生活中，一些家长不是拿着放大镜寻找孩子的优点，而是不断地挑剔孩子的不足。

我邻居家的孩子，中考时考上了青岛市的一所著名高中，而且是这所高中里最优秀的班级。但是一年后，我邻居就给我说他家孩子不知道学习，成绩一般。邻居家孩子也总是说，成绩一般，能考上一个重点本科高校就行了。

于是我就问家长："既然孩子不喜欢学习，那他喜欢什么？"家长想都没想说，孩子喜欢打篮球。

我说："这不就是方向吗？孩子上名校后压力本来就大，在名校的优秀班级（简称名校优班）里压力更大。如果你一味要求孩子在"名校优班"中脱颖而出，孩子在学习上的压力就太大了。孩子对自己的成绩不过分要求，就是孩子自我减压的一种方式。你要做的不是给孩子加压，而是让孩子找到真实的自己，找到自己的发展方向，做最好的自己就行了。"

于是我和邻居家孩子就有了一次长谈。孩子给我谈篮球，谈篮球明星。我虽然不太了解他讲的东西，但是可以看出来他对篮球了如指掌。我就很好奇地问邻居家的孩子，为什么能记住这些明星的名字以及他们的爱好特长、比赛场次等。邻居家的孩子想都没想说："我有兴趣啊！"

于是我就接着问："兴趣有没有用？"

邻居家的孩子一愣。可见他从没有思考过这个问题。我就接着话题往下讲："有人把体育做成了产业，这就是成功。如果一个人的兴趣不能为自己，更不能为其他人的生活做出贡献，那么这个兴趣就没有什么意义，仅仅是个人的小爱好而已。相反，一个人如果能把自己的特长与爱好做成事业，而且这个事业是有益于社会、有益于他人的，那么这个兴趣就太有价值了。如果一个人每天做的都是自己喜欢的事情，从不痛苦，从不应付，这样的工作特别有意思。对社会来说，如果一个人因为个人爱好而把事业做大、做精，那么他就为社会做出了突出的贡献。社会也一定会回馈他。"

接着我把话锋一转，说："你们不像我们那代人，我们那代人的一些爱好就是爱好，一点都不专业，仅仅是自己喜欢而已。你们这代人不同，大多数人从小时候就接受专业指导，或者上各种特长班。相信未来的年轻人，更需要专业的特长指导，因为这代表着正确的发展方向。从这个意义上来说，体育将会是未来社会的朝阳产业。我希望你能把你的体育特长做成终生的事业。"

事实证明，此后邻居家的孩子从没有放松过对自己的要求，因为他希望将自己喜欢的事情做成对社会有益的事业。

因为我不太了解体育，所以我就让邻居去了解一些将体育专业做得好的大学，然后再带孩子去拜访一些在体育方面做出成绩的前辈，让他更加坚信他的特长可以成为他的人生目标。

后来邻居家的孩子考入了名牌大学，开始了自己的大学生活。

有一位喜欢辩论的女孩子，家境比较好，人又聪明，学习成绩也不错。在上高中之前，这个女孩是没有什么目标的，因为她想要什么，基本上就可以得到什么。但是到了高中，这个女孩一下子爱上了辩论。用女孩自己的话说，辩论是她至今为止，唯一一个让她想得到，却不一定能得到，但是一定要得到的东西。因为爱上了辩论，所以女孩就特别想考中国政法大学。女孩的数学不好。为了实现自己的高考目标，她可以每天连续学习六个小时的数学。

所以家长要用心地去发现孩子的特长，多鼓励孩子参加一些有益的活动，在活动中挖掘孩子的天分。

美国趋势专家丹尼尔·平克在《驱动力》一书中说过，一个人只有发现了他所做事情的意义时，只有当他相信他所做的事情是一件非常伟大的事业时，他才会从内心深处爆发出不可估量的力量！

所以，我希望家长们记住：当孩子没有目标时，特长就是一盏明灯！

只要孩子不觉得累，家长就要学会祝福

自从儿子进入二中，我就一直保持着平和的心态，希望他能在这所学校里做一个普通的人，因为他身边有太多优秀的人，没必要活得太累、学得太累。

在这种心态的影响下，儿子对高一第一次期中考试的要求不高。最终儿子在第一次期中考试中考了年级第三。正是因为有了这个年级第三的名次，儿子对学习的要求越来越高了。

去参加国际辩论赛时，在来回的飞机上，儿子都在利用点滴时间学习。

有时儿子在周末也要去学校学习，因为在家中学习，不时有人打扰，不时有各种诱惑。我想让儿子留在家中休息，他都不愿意。直到有一次，我和儿子差点吵了起来。

直到那一次，我才真正地意识到儿子对成功的渴望——想要保住这个年级前三的名次。但是在这所优秀的学校里，有那么多的竞赛生，那么多的直升生，有那么多想在期末打个翻身仗的学生，儿子想保住年级前三的名次，压力可想而知。

我极力地想用我的不在意减轻儿子对年级前三名的在意。那一次差点争吵起来的经历让我意识到，儿子需要目标。

那个周日的早上，睡眼惺忪的我听到客厅有声音，意识到可能是儿子要出门时，一下子从床上跃起。当我跑到客厅时，儿子已经洗漱完毕，装好了书包，打开了门。我只来得及抱了儿子一下。缓缓关上的电梯门以及渐渐变小的数字告诉我，儿子已经走了。我一直愣愣地站了几分钟，潜意识告诉我，儿子自己去学校了，没有让我叫他，没有让我给他准备早餐，没有让我管。突然间，我有些不太适应这种不被儿子需要的情形，而这种不被需要情形的出现竟然是因为儿子想去学校学习，而我却在劝阻他。儿子用他对我的不需要告诉我，他去学校学习的想法有多么坚决。

那天早晨，一个意识渐渐地在我脑海中变得清晰：儿子不累，因为他有一个目标，为了这个目标，他的付出是值得的。否则儿子不会自己收拾好学习用品，自己一个人坐公交车去学校，拒绝我开车送他。

当孩子觉得自己的付出是值得时，当孩子觉得做一些事会让自己很充实时，家长又何苦怕孩子累着呢！是的，儿子认为他这样做是为了让自己放心，在自己考得不好时，给自己一个可以接受的理由。无论期末考试的成绩如何，儿子都可以给自己一个交代。

儿子想要尝试做到极致，他想尝试努力做到最好。我又有何理由不让儿子继续努力呢？

接下来就是如何让孩子正确认识自己的付出。

在期末考试前的那个周末，儿子决定去学校，并且让我送他去学校。我欣然答应。看来儿子理解了我，也知道我不会再干涉他去学校了。

在去学校的路上，我告诉儿子："成绩是有偶然性的，学习没有偶然。就好像英语的单词、语文的成语、数学的习题，你掌握了100个，你的同学只掌握20个。但是不巧的是这次考试只考了4个成语，而偏偏这4个成语就在你同学掌握的那20个中，不在你掌握的100个中，于是你的同学考了满分，而你是零分。"

"我明白。那只能说明我运气不好，不能说明我实际成绩差！"儿子明白我说这些话的意思，也接受可能出现的结果。

但是，"儿子，"我接着说，"每次都考4个成语的同等情况下，按照数学概率来算，100与20相比，做全对的概率要高很多。所以你也要相信，付出总有回报。当然，付出不一定现在就有回报！"

"没事，就算这次考不好也没事。"

下车时，我拍了拍儿子的手，说了句："儿子，加油！"

既然我不能阻止儿子想考好的想法，我就只有给儿子祝福了！

那一天，我还特意做了一件事。在儿子去教室学习后，我逛了一下教学楼。周六的教学楼，基本上是空的，只有几个学生在学习。

所以，在那天下午，接儿子回家的路上，我表扬儿子说："教学楼真是一个适合学习的地方，很安静，你的选择是对的，而且你也很了不起。很多学生不能坚持来学校，你坚持住了。我为你骄傲。"

想要考年级第一名

2017 年 4 月 12 日，周三，第二节晚自习刚结束，我接到一个陌生的电话，是儿子用同学的手机打过来的，他说想回家，而且想马上就走。我说，我开车过去至少需要 25 分钟。我到时，儿子已经等在大门口了。

车子起动时，儿子坐在我右侧，抱着书包，也不看我，只是茫然地看着前方。这么近的距离，说明儿子不烦我，没有为了躲我跑到后座。估计儿子是在想如何跟我说，他也一定知道我会问。我并没有急着问儿子为什么要这么早回家，只是掉头、开车，开得比较慢。

车子离开学校后，我开始小心翼翼地问："你今天怎么了，怎么突然想回家了呢？"

儿子估计想好了，愿意开口了，说："不知道为什么，我今天心情特别不好，'题感'（做题的感觉）特别差！我费了那么多的功夫学历史，结果考试分数却不如班里一个很长时间都不学历史的同学。数学也是，既没有别人做题速度快，也没有别人做题的正确率高。我一下子就找不到那种自信满满的感觉了！"

儿子自从上学期两次大考分别考了年级第三名和第五名后，信心大增，并将考年级第一名作为自己的目标，任我怎样给他降低目标，他都不接受。用儿子的话讲就是他只有小学毕业时考过一次年级第一名，他想在高中也考一次年级第一名。又因为高一这两次大考的年级第一名都是儿子的初中同学，这种情况让儿子觉得其实考年级第一名也不难，他也有可能会实现。

还有，自从与一位女同学同位以后，儿子对自己的要求就更高了。那位女同学也是一位非常优秀的学生，学习非常认真。两个人同位后，有点儿比着学的感觉。儿子可能也想让同位看到更优秀的自己，他不容许降低对自己的要求。

有时，我就觉得当第一名太累了，在青岛二中这样优秀的群体中，年级第一名太强、太显眼、太被人关注。不要说儿子，连我也从来没奢望做年级第一名的学生家长。

但是在我多次劝解后，儿子依然坚持要尝试考年级第一名。

上周六，我清晨6点醒来，看儿子没醒，就想让他多睡一会儿。于是我去给儿子买他最爱吃的早餐。当我回家时，儿子已经走了，没有带手机，只带了一点儿面包和牛奶。

既然儿子有这么大的决心，我又有什么理由不让儿子去尝试呢？儿子不允许自己出现差错，他用更少的时间来休息。谁又能说儿子没有做好考年级第一名的准备呢？再者说，如果没有尝试考年级第一名，没有亲身经历年级第一名所承受的压力，儿子又如何知道当年级第一名的真正滋味？所以让儿子尝试一次，遂了他的愿望。

但是没有想到，当我刚刚接受儿子去拼年级第一名时，他却感觉不妙了。儿子的这种不妙是因为他对自己的期望太高。儿子认为想要考年级第一名，就得什么科目都比别人强。

当儿子的期望与现实稍有些不符时，他就会有一种挫败感。

我告诉儿子："所谓的年级第一名，并不是科科都是第一名，也不是没有一点儿失误。年级第一名是综合总分第一名。虽然你今天没考好历史、数学，但是上周你的生物、物理、英语都考了班里第一名。所以综合起来，你考年级第一名还是有很大希望的。

"'手感、题感'只是一种感觉，这种感觉会因为你的期望值而变化。正是因为你那么强烈地期望考第一名，所以你才会把原来就存在的小失误扩大化。为什么我这样说呢？因为你比原来学习更认真，这些失误不是新增的，只能是原先就存在的。也就是说这些失误原先就存在。你只是没有发现而已。或者说你只是没有在以前的考试中遇到这些失误，却在这次考试中遇到了。你就感觉自己'手感、题感'不好了。

"'题感、手感'只是一种感觉，不会从根本上改变人的实力。第一名的同学即使'手感、题感'再不好，即使出现很大的失误，也不可能跌到年级一百名。年级三百名的同学'手感、题感'再好，也不可能一下子考到年级第一名。当'题感、手感'不好时，你不用担心会差到哪里去。

"考前'手感'好是幸运，考前'手感'不好是幸福。考前复习是为了什么？

不就是为了发现问题、解决问题吗？如果你在整个复习过程中都非常顺利，那就意味着你温故却没有知新。如果你在复习的过程中发现了自己平时没有发现的问题，你不仅不应该难过，相反，你还应该庆幸。庆幸自己在考前发现了这么多问题！

"之前为什么我不太接受你要考年级第一名的想法呢？因为年级第一名的同学必须有强大的内心，强大到他即使出现了失误，也能及时地调整过来。现在你既然想要考年级第一名，那就要具备强大的内心。永远不会被自己打倒。无论遇到什么困难、什么不足，你都能快速地调整自己的情绪。

"具备了这些，你才有可能成为年级第一名。要想在成绩上触摸年级第一名，要先从内心触摸年级第一名。"

那天，儿子在车上没有说话，但是回家后安静学习，表明他已经在心中触摸到了年级第一名，开始在行动上冲刺年级第一名。

有钱难买考前紧张

任何一个学生，在考前都会出现考前紧张的情况。一些学生由于考前过于紧张，心态发生剧烈变化，进而导致身体不适，最后不能正常发挥自己的真实水平。

家长可以告诉孩子，考前紧张是一件好事，是千金难买的一种人生体验。

学音乐、表演的人都懂得一点：舞台经验比任何技巧都重要。也就是说，即使音乐或表演技能再高，如果舞台经验不足或者心态很差，表演者也很难在真正的舞台上发挥出自己真实的水平。

舞台经验只能通过无数次的表演，特别是在无数次的失败中获得。也就是说，要想提高自己的舞台表现力，你就只能通过多次参加表演来提升。如果想要获得提高，你只能在出现失误的地方努力改进。当然失败过后，你也需要反思。

在考前或考试时紧张，是千金难买的一次挑战紧张的体验，是一次稍纵即逝的机会。正确的做法是珍惜这样的机会，在调整情绪的过程中让自己的内心变得无比强大。

美国人塔勒布写过一本非常有启发寓意的书，名字叫作《反脆弱》。作者认为人类的世界并不坚固，它是非常脆弱的。天灾人祸、生老病死，时刻都在发生，而人类总是无能为力。世界充满了随机事件，而且往往不以人的意志为转移。与此同时，人类的行为也是无法预测的，诸如"9·11事件""美国的次贷危机"等，由此带来的不可预测性，使得世界的脆弱性越来越强。

塔勒布提出一种反脆弱的方法——杠铃策略，其秘诀不是对未来的预测，而是做好面对未来成功与不成功两种可能的准备。塔勒布说，"反脆弱"的存在，说明世界不希望我们了解它，但它的魅力就在于我们无法真正了解它。在这样的世界中，我们应该做些什么？应该追求生命的意义，拥抱波动性。请记住：如果不觉得饥饿，山珍海味也会让我们味同嚼蜡；如果没有辛勤付出，得到的结果将毫无意义。同样的，没有经历过伤痛便不懂得欢乐；没有经历过磨难，信念就不会坚固；被剥夺了个人风险，合乎道德的生活自然也就没有了意义。无论是好的，还是不好的挑战，我们都要努力从中获益。

孩子就是在多次考试中不断提高自己调整心态的能力，磨炼自己的心志。在一次次的考试中，孩子的内心变得强大了，不再害怕了，这就是收获。

当孩子考试前或考试紧张时，不如教孩子换一种心态：积极地期待，认真地准备，努力地尝试。

一、积极地期待

从某种意义上来说，期待考前紧张反而比害怕考前紧张更好。心理落差往往出现在期望值与现实之间差别很大时。如果孩子认真地做好了考前的复习准备，在考前又非常期待心理紧张的来临，那么在考试时，这种对紧张心理的期待会有效减少孩子对成绩的期待，反而不会出现紧张情绪，即使出现了紧张情绪，也能很快调整好心态。

越是重要的考试，越是能锻炼孩子的心理调节能力。而心理调节能力是孩子需要具备的能力之一。

二、认真地准备

让孩子准备好考前的复习，准备好心理紧张时的调适方法。但是前者比后者更重要，因为做好前者是做好后者的基础，没有考前认真地复习，孩子往往会觉得自己的任何心理调整都是自欺。复习得好不好，又与孩子之前的心理期待与复习计划的落实有关。我不建议孩子在考前复习时，期望值太高，不建议孩子对自己要求太高。因为事实上，计划往往不如变化大，实现不了计划是一种常常出现的现象。不妨把计划的目标降低一下，反而有利于对自我复习计划的认可。孩子如果认可了自己的复习工作，就会很容易调整好自己的紧张情绪。

心理紧张的调适方法有很多，在这里我给大家介绍一种效果很好的方法：呼吸调节法。具体步骤是：放下手中的笔，端正身子，尽可能地向上提起脖子及头部，两手交叉放于肚脐处，闭上眼睛，想象着眼前是清晨雨后的森林。之后，张开嘴，深呼吸，想象着清新的空气带着早晨的凉爽一起沿着口腔进入体内，之后进入丹田，上行到肺部。这时要屏住呼吸，想象着清新的空气，正由肺部渐渐地扩散，扩散到每一个毛细血管处。当实在不能屏住呼吸时，不要一口气呼出，而是想象着空气正由肺部回到丹田，再由丹田回到口腔，尽可能缓缓地、均匀地呼气，并尽可能地呼出体内所有的空气。重复以上动作三到五次。

这种方法特别管用。因为如果不专心，孩子不可能控制住自己的呼吸。当孩子将自己的注意力集中在呼吸上时，他就忘记了紧张。孩子在无意中就把自己的关注点成功转移了。

三、努力地尝试

无论做了怎样的复习准备，有时孩子在考场上依然会紧张。

孩子应先从呼吸调整开始，三次不行，五次；五次不行，七次。逐渐让自己的心脏不再跳得那么快，逐渐让呼吸开始平稳。这时孩子一定要告诉自己，这是一个成功的开始。

有的学生说："我这样做呼吸调整，会不会影响我做题呢？"其实大家都知道，紧张情绪往往出现在试卷下发之前。正是因为没有看到试卷，一些学生才会紧张。相反，看到试卷后，一些学生就只想着做题，反而不紧张了。这种调整呼吸的方法特别适合于考试前最紧张的那一会儿。

等孩子调整好呼吸以后，这时试卷差不多就到了孩子手中，让孩子尽可能平静地去看考题，尽可能放松地思考考题，甚至可以微笑着看考题，轻蔑地对考题说："看我怎样收拾你！"

这时孩子就有可能由衷地说出："我成功地战胜了考前紧张！感谢这次的考前紧张！"

最后，我送给广大学生几句话："我允许自己不优秀，但不允许自己不尽力。一定要积极地进行考前准备！考好与否不重要，重要的是内心要强大。"

学会放手，让孩子能够独立成长

又到了孩子考试的日子，考试的科目是语文、政治、英语。

说实在的，当孩子考试时，家长比孩子更加惴惴不安！我希望孩子考好，因为孩子考好了，他就可以不用焦虑了。我又担心孩子考好了，他会一直这样高要求自己！

下午 5 点 10 分，儿子已经在校门口等我，见到我的第一句话是："老妈，我有一个好消息和一个坏消息，你想听哪一个？"

"我想听坏消息。"我总是不让孩子吊我的胃口。

"还是先给你说好消息吧！语文、政治考得很好，英语考得不算好，听力被扣了 6 分！"

儿子到底还是一个孩子，成绩对他来说非常重要。

"老妈，你有答案吗？看看我英语到底考了多少分。"儿子迫不及待地说。

儿子一边对着英语答案，一边给我聊天。其实，儿子已经在班里和其他同学对完答案了。儿子说他班里一个英语成绩很好的女生，考听力时差点睡着了。儿子用这件事情告诉我这次的英语听力题其实很难，难在一到重点部分时，句子就特别长，语速就特别快。儿子虽然在英语听力上错了 6 分，但是他这次的英语成绩在班里应该是不错的。

对到英语阅读题的答案时，儿子突然来了一句："这道题的答案真的是 D ！"

"漂亮！这个题很难……"

"漂亮！又少丢 2 分！"儿子高兴地打了个响指。

"老妈，你再给我对一下英语，看我到底丢了多少分。"

其实，基本不用我对答案了，儿子自己心中有数了。

现在，我想知道好消息了。说实在的，家长不在意成绩是假的。当儿子说考得好时，我反而又担心儿子以为考得好的科目，最后反而没考好。

"你用不用对一对语文的答案？我带着语文答案呢！"我说。

"不用，"儿子自信地把答案放在了一边，"我不想这时对答案。不是你给我说的吗？"

"随你吧！"我说。

"我要复习明天考试的科目了。明天要考四科，今天我想早点儿休息。"

为了不影响儿子复习，晚饭后我们夫妻俩像往常一样去小区后面的山上逛了一圈，一路上我们俩都在聊孩子。

回到家，儿子说已经复习完了，想要睡觉了。我们夫妻俩也赶紧收拾，准备睡觉。

就在我们熄了灯准备休息时，儿子又问我老公："老爸，那个散文阅读题的答案是什么啊？"说好的不对答案，这不还是要对答案吗？

"你选的是什么啊？"我老公问儿子。到了这个时候，作为家长的我们，已经做好了准备，不管儿子说什么答案，我们都会说他选择正确。

"我选的是 DF。"

"很好，DF 是 5 分，CE 是各 1 分，你选得很对。"

儿子选得确实对。这时我们就没有必要再骗儿子了。

"好的，这下可以放心睡觉了。"那一晚，儿子睡得很好。

第二天早上，当我送儿子去学校时，儿子对我说："昨天晚上，你们出去散步时，邻居家发生了争吵。邻居家好像也有一个高三的学生。邻居家的亲子沟通不太好，经常是邻居家儿子关上门，他妈妈就在外面使劲地敲门，甚至砸门。昨天更甚，他妈妈直接用脚踹门。"

我赶紧灌鸡汤："你看你多幸福。我们对你多宽松，对你多尊重。"

当然我也得赶紧表扬一下儿子："儿子，其实父母与孩子之间的关系处理得好，不全是因为父母，有时候也是因为孩子做得好。就像你，自制力这么强，根本不用我们管。你在屋里学习，我们从来不怀疑你玩手机，甚至我们还要劝你玩会儿手机。这是为什么？不是因为我们大度，而是因为你值得我们信任。我们给你提供一个宽松的环境。邻居家孩子为什么要关门？因为不想让父母时时监管他，那种感觉太难受了。但是他越是不想让父母管，父母就越不放心。于是邻居家才会时不时地爆发这样的争吵！相反，如果孩子能做得好一点儿，同时大方地把门打开，让他父母看到，甚至这样对父母说，'爸妈，我想认真地学习一两个小时。在学习期间，我把手机交给你们。你们也可以监督我。如果学习的效果好，作为奖励，你们可以让我玩一会儿手机'。孩子这样做，父母反而不会再打扰他，两个小时的学习时间一到，父母还会劝他休息。

"所以，儿子，你看到了没有？一个人所处外部环境的好坏，取决于他自己的自我表现、自己与别人沟通交流的方式。你想要一个好环境，你就要让人相信你会做好。同时你要让别人了解你的计划、你的想法，这样别人就会更放心。

"这两点，对你来说都是极其重要的。"

儿子点了点头。

当然，在这里，我也真的想劝天下的父母，当孩子成绩不好时，不要用怀疑来加重孩子的不自信。一些家长，起初放手让孩子做，对孩子充满了信心，一旦孩子做得不好时，就瞬间收回孩子的自由权，安排孩子的一切。这样做会让孩子丧失自信心。一些孩子因为换了一种学习方式或方法，所以成绩暂时下滑。家长对孩子的全部否定意味着什么？意味着家长不给孩子犯错的机会！世间哪有一直对的人呢？越是有想法的孩子，就越不想让家长安排自己的一切。这个时候亲子之间的矛盾自然就开始升级。

换一个角度，当孩子做得不好时，家长和孩子一起找问题。第一步，耐心地听孩子说自己的问题出在哪里，不断地肯定孩子对自我问题的分析，不断地表扬孩子对自己的反思很到位。这样做实际上就是让孩子用自我修正的方式，实现改正错误的目的。当孩子不想说自己的问题时，家长也可以说说自己的问题，谈一谈自己哪里做得不好，以后想给孩子提供什么样的帮助。

第二步，家长要告诉孩子，或者用其他方式让孩子意识到，一个人的学习成绩与学习能力有关。学习能力包括自我控制学习时间的能力、自我控制学习效率的能力、自我认知学习成就的能力。一个人想要长大，首先需要提高控制自己的能力。一名幼儿想吃糖就得吃，吃不到就哭，说明他不会控制自己。一个人想做什么事，或者不想做什么事，他都会控制自己，这就是成长，这就是成人的表现。家长不想让孩子在家里玩手机，就要让孩子知道，能在一定时间内不玩手机，是一个人成熟的表现，也是让父母不用管的条件。

第三步，家长要严格兑现自己的承诺。也就是当孩子真的达到了家长的要求时，家长一定要兑现承诺，并用语言赞美孩子。

学会使用草稿纸

有一天晚上，儿子睡得很好，我失眠了。正是因为我失眠，能在客厅里听到儿子微微的打鼾声，所以我才知道儿子睡得很好。

清晨，我给儿子做了他想吃的肉丝面，外加一个煎鸡蛋。儿子吃得很满意。当儿子吃饭时，我先把车开出来，之后正好在小区门口接上他。

再送儿子上学的路上，我将车开得很稳，目的是让他再稍睡一会儿。

那天儿子要考四科，会很累。我劝儿子一定要午睡一会儿，儿子点点头。在儿子临下车时，我拍了拍他的手，说："加油，做到最好！"

我不想让儿子感到压力，但是我一定让他尽力做到最好！

下午5点，我去接儿子放学。儿子上车后的第一句话就是数学考得太憋屈了！

我一愣：难道儿子在考试中出问题了？今天要考的数学、化学、历史、生物都是儿子的强项，否则昨晚他不会那么从容地早睡觉。

但是有时候越有信心的科目，寄予的希望与要求也会越高，往往就容易出现问题。

"数学怎么了？"

"对于数学，我完全可以考满分的，但是有一道大题，12分，在抄草稿纸上的数据时，我将'+1'抄成'-1'！"

孩子把他的感受，在考试中出现的问题，怎样造成的这些问题，都已经告诉我了。

"就是太遗憾了！对于今天考的数学，很多学生都没有做完，都嚷嚷说数学好难！在这么难的情况下，如果你都能考满分，那会让无数女生称你为'学神'的！"

我打趣儿子，同时也给他做了铺垫："数学很难，你即使考得不好，你的成绩也很好，可以接受！"

"但是，太遗憾了！完全可以得满分的。怎么会出现这样的问题呢？对于这种问题，我好几年也不会遇到啊！"

看到了没有，儿子在跟我说遗憾，而不是他考得憋屈了！

"谁说几年不会遇到这种情况？年年高考、次次考试，作为老师的我都会遇到这种情况。具体到你们每一个学生，可能几年才遇到一次。孩子，高考绝不仅仅是考智力，更重要的是考一个人的心理素质与周密做事的能力。你是不是心急了，所以才抄错了答案？"

"不是，我还剩20分钟呢！我做完后，把笔往桌子上一放，长长地出了一口气。当时我就觉得周围的同学都在'怒视'着我！"

孩子都有这种心理，自己做完了，就想刺激一下别人，也想显摆一下！

"也就是说，你做题的速度提上来了，但是准确率出了问题。准确率的问题不是出现在运算过程中，而是出现在抄写答案的过程中。你觉得这样的错误很低级。学长们也经常出现这样的错误，他们在介绍考试经验时都会提到。"

为了让儿子想听，我说学长们每次在介绍考试经验时都会提到这种问题。其实学长们不是每次都提到这种问题。

"那学长们怎么说？"

其实，哪里是学长们怎么说，都是我想说的，只是借学长的名义告诉儿子，儿子比较容易接受。家长们注意了没有？有时不妨借学长的话、亲朋好友的话来教育孩子，或者把自己的话变成学长的、亲朋好友的话，也许教育的效果会更好一些。

"学长们介绍说，这些问题往往出现在四个环节上，且都与一种习惯有关。"我顿了顿，装作仔细开车，吊一吊儿子的胃口。

"快说啊！"儿子催。

"第一个环节是从试卷上往草稿纸上抄试题时，漏掉符号。第二个环节是从试卷上往草稿纸上抄试题时，漏掉条件，导致在草稿纸上演算时直接少一个条件。第三个环节是使用草稿纸的习惯不好。有人习惯拿过来草稿纸就写，写满了就换个地方，造成的结果是草稿纸的中间先被写满，而草稿纸的四周有空白。那么下一步他就会从草稿纸的上面写，写满后，他要跳过中间，写在草稿纸的下方，或者先从下方写，写满后再转到草稿纸的上方去写。每增加一次转移，出现问题的可能性就会增加。所以正确使用草稿纸的方法是将草稿纸对折两次，变成四个区域，先在左上区域写，再右上区域，再到左下区域，再到右下区域。或者你把草稿纸竖过来，从上往下写。第四个环节是，在草稿纸上演算完了，往试卷上誊写时把结果抄错，这样的情况才让人心烦呢！你就碰上了这种情况。"

"另外，除去这四个环节，你再想一想在考场上还有可能出现什么情况？"这时我把包袱丢给儿子，让他去想各种问题。考场上的非智力问题有很多，但是很多在考场上出现的问题都能被解决。只要让孩子想到了，他才可能会避免。但是对于大多数的考场问题，孩子根本就没有想到，也不会留意。

一定要完成所有作业吗

因为中考占用教室，放假在家的儿子已经连续学习了三个小时。我和老公在客厅里等儿子学习结束后再睡觉。

"真累啊！"儿子伸了伸懒腰，从他房间里走了出来，看我和老公没有睡，又露出不怀好意的笑。我和老公知道儿子只要这样一笑，准是想玩手机了。于是我老公微笑着，乖乖地奉上手机。于是手机里很快就响起了"欢迎进入王者荣耀"的声音，之后在喊杀声与炮火声中，游戏开始了。

儿子玩《王者荣耀》已有好多年了，这是他比较喜欢的一款游戏。无论是儿子过生日，还是他考了年级前三名时，我问他最想要什么，他总是说最想让我们给他的游戏充值，好买一些游戏装备与"皮肤"。所以几年下来，儿子在游戏上也投入了不少金钱。

趁着儿子玩游戏的时间，我问了儿子几个问题。因为我知道此时儿子的注意力集中在游戏上，他回答问题时往往不经过大脑。也就是说，我能从儿子口中得到最真实的答案。

"儿子，刚才一位家长打电话说，她家孩子没有完成假期作业。在你们班，没有完成作业的同学多吗？"

"这太正常了！不少！"

"他们为什么完不成作业呢？"

"他们都上辅导班，哪有那么多的时间写作业呢？"

"那你怎么能完成作业呢？"

"谁说的，我都是回校后才能完成作业！"

儿子回答得很简短，能不说就不说，因为说多了会影响他打游戏。所以我就停止了问话。有一点是可以确定的，儿子也完不成作业。

在高考、中考期间，高中生放假七天。儿子除了用一天半的时间参加了职业体验以外，他每天都跟我一起去学校学习。

7:10到校，吃完早饭，我去监考，儿子就在我办公室里学习，一学就是三个小时，中间除了上厕所，几乎不间断做作业。即使这样，儿子也完不成作业。儿子属于比较优秀的学生，做题的速度也比较快，即使这样，儿子也做不完作业。家长是不是可以想一想：这么多作业，怎么做？

另外，学校与老师都有一种想法：放假了，无论是哪一个学科，都要保证优秀的孩子有足够的作业做。也就是说每一科老师布置的作业都要让特别优秀的学生有材料可学。从这一点上来说，学校与老师的做法无可厚非。大家可以想一想：各科布置的作业量都是各科尖子生才能完成的量，那么谁家孩子又能各科都优秀呢？

家长明白这一点后，所要做的就是不要逼孩子机械地完成作业，而是帮孩子有针对性地选择作业，有计划地完成作业。

当一个人觉得根本无法完成这项任务时，他想的就是既然无法完成，干脆就不去做了。

在现实生活中，一些家长会逼孩子完成全部作业，并且告诉孩子，完不成作业就不是好孩子。家长这样做只会让孩子更反感作业，或者更逆反。

家长不妨理解一下孩子，退一步，帮孩子做出自己的选择，有选择地完成作业。如果真的这样做的话，孩子也会很高兴，因为他完成了自己的计划。家长也会很放松，因为孩子有计划地度过假期。

另外，家长要告诉孩子，作业从来都是为了巩固旧知识而存在的。做任何一科作业前，都要先把这科的知识点复习一遍，之后再去做作业。这样，孩子既完成了复习工作，又很好地完成了相应的作业。

其实，复习一点儿不影响孩子做题的速度，反而会让孩子心中有底，因为复习了一遍旧知识，孩子在做题时就能很好地巩固知识，做题的速度也相对快一些，感觉也更爽一些。

在假期，儿子过得有滋有味，在白天充实地学习，晚上有时跟我一起爬山或打球，有时玩一会儿《王者荣耀》。

其实换个角度看：孩子学习累了，想休息一下，父母不应该让孩子好好放松一下吗？

只是一些孩子选择玩手游（手机游戏的简称）放松一下。据我儿子说，玩手游能让他忘记一切，他认为这是最好的放松方式。

在家长的观念中，外出旅游、户外运动、读书看报等才是积极的放松方式。我绝对认可这些放松方式，也多次想让孩子这样放松，但是效果一般。一些孩子就想玩一会手游放松一下身心。

相反，如果家长不允许孩子玩，或者在孩子玩时老是催促或者埋怨他，那么孩子的心情是糟糕的。孩子如果没有放松好身心，再去学习时就会有很大的怨气。于是孩子的心情开始变坏，亲子矛盾就产生了。

周末，微笑着陪孩子"萎靡"

一些高中生的家长会有这样的疑问：为什么孩子上初中时到家就学习，而上了高中后，到家就想放松呢？

我认为这是因为初中生活方式与高中生活方式不同。大多数初中生不住校，白天在学校学习，晚上回家做作业。在初中生眼里，学校是听课的地方，家是做作业的地方。

但是上了高中以后，大多数孩子要住校，一住就是五天。在这五天里，孩子们白天听课，晚上在教室上自习，做作业。一般高中的晚自习时间从晚上6:20到晚上10点，每节课1小时，学习时间非常充足，孩子们也非常累。所以周末在孩子的心目中就变成了休息与调整的时间。

也就是说，一些高中生已经不把家当成学习的地方了，就想在家里放松一下。这时很多家长觉得孩子上了高中后就变了。曾经那么认真学习的孩子上了高中后怎么在家不学习了？

这时家长不妨换位思考一下：工作了一周，特别想做什么？是不是特别想放松一下？

一些家长不了解孩子在校学习的情况，只看到孩子到家之后的状态，更可怕的是还老拿孩子以前的状态与现在的状态做比较。这些家长就开始干涉孩子，开始检查孩子的作业，给孩子报各种辅导班。

结果，一些孩子在周末更加忙碌，几乎没有休息时间。

更可怕的结果是，乖顺的孩子在周末听家长的，到校后他就要找机会弥补，于是在课堂上开始放松。如果一个人一年到头都处在一种紧张的状态中，那是很可怕的。一些有点儿主见的孩子就会和家长发生冲突。家再也不是孩子放松身心的地方。

我认为周末应该是孩子放松的时间，家长不可过多地干涉孩子。家长只需要在周末微笑着（不管内心一千个、一万个不情愿）陪孩子"萎靡"。

可能有的家长又要担心：孩子好不容易进了一所优秀的高中，不努力怎么行？

如果按照家长的设想，从高一开始，孩子就得拼命学，那才是更可怕的事情。特别是心思缜密的女孩子，一直拼命学习，到了高三，她们的爆发力、冲击力就基本上没有了。

所以让孩子周末在家好好休息是必需的。

家长要让孩子学会放松、学会克制。

让孩子学会放松。对于这一点，我建议家长不要过多干涉孩子，尊重孩子的选择，适当加上一些家长认可的方式就行了。比如我自己的孩子，周末在家主要玩游戏，但每周末要陪我爬一次山或打一场球。在执行的过程中，孩子玩游戏从没打过折，但有时会耍赖不去爬山。这都完全可以理解。但大多数时间，孩子陪我和老公一起爬山。一家三口，一边聊天，一边爬山，也是一件很惬意的事情。

让孩子学会克制。对于这一点，家长可以从两方面入手。一是和孩子商量一下玩游戏的时间。在这一点上，家长尽可能满足孩子的要求。当家长大度地满足孩子时，孩子反而不好意思再超时了。当然超一点时也是没问题的，再大度一点儿又有何妨？二是陪着孩子玩游戏。可以陪着孩子一起玩。我不会玩游戏，我就在孩子旁边看书或看电视。到时间后，我会放下手中的书或关上电视，用这个行为暗示孩子，他也要结束游戏了。所以陪伴是一种有效督促的方式，也是让孩子学会克制的好方法。

在执行的过程中，家长要说话算话，可以适当地让孩子说话不算话。也就是说对于商量好的游戏时间，家长一定不能缩水，但孩子可以适当延长。这样做可以让孩子觉得家长理解他，在游戏时间上不那么计较。当家长真的要求孩子停止游戏，他反而会觉得自己做得真的有点太过了，会从心里接受家长的要求。

家长一定要改变对游戏的态度。家长想一想：自己儿时玩的游戏，是不是在家长眼中也是特别无意义的？为什么在一代一代的家长眼中，游戏的定位差别如此之大呢？我认为：一代人有一代人玩乐的方式，家长不能用自己的认知来定位、评价孩子的游戏方式。家长只要改变对待游戏的态度，接受孩子的放松方式，也就顺心了。

当家长真正接受孩子放松的方式时，孩子的身心也就真的放松了。家长与孩子就好沟通了。

甘心做孩子的情绪垃圾桶

很多家长会问："为什么孩子上了高中以后，就爱说让家长伤心的话呢？"

我的回答可能更让这些家长伤心："那是因为你伤了孩子的心。"

孩子的心被家长伤透了，情绪失控时，就会失去理智。何况孩子的年纪还尚小，心智还不成熟。而且千万别忘记，他是家长的孩子，清楚地知道家长的弱点。如果孩子想戳家长的心窝子，那还不是一戳一个准。

如果孩子出现了上述情形，我给家长的建议就是：做孩子的情绪垃圾桶。

为什么家长要做孩子的情绪垃圾桶呢？

孩子刚上高中，除去学习的时间，剩下的时间都要与他人相处，比如与他人一起吃饭，一起饭后散步，一起住宿，一起活动。想要适应高中生活，孩子就得学会克制自己。在教室里，孩子不能对着老师与同学发泄自己的不良情绪。在宿舍里，孩子更不能无缘无故地对着舍友发火。压制不良情绪只会把发火的时间延后。孩子回到家，见到最亲的家长后，他发几句牢骚，说几句气话，家长顺着他说就行。孩子此时只想让家长是一个帮腔的人，而不是一个板着面孔教育他的人。

在现实生活中，如果我们在外面受了别人的气，我们就想找朋友倾诉一下自己的遭遇，并想和朋友一起喊冤叫屈。如果每当我们向朋友倾诉自己心中的烦恼时，他就劝告我们不要这样看别人，别人是为了我们好，那我们就再也不会找他倾诉了。

家长要做孩子的情绪垃圾桶，接纳孩子所有的负面情绪。只要让孩子把心中的负面情绪倾倒干净了，他才有可能接受正面的东西。就像一个盒子，里面装满负面情绪，我们不把盒子清空，就别指望还能往盒子里填充其他的东西。家长还要想到一点：孩子在家长面前倾倒的负面情绪越多，说明他在学校与人相处时越会克制自己。

当孩子说他再也不想学习时，他可能在学校里很努力地学，只是没有收到很大的成效。此时孩子需要家长的安慰。

当孩子说和其他同学难以相处时，他可能很努力地让自己与其他同学友好相处，只是他觉得有点儿累。此时孩子需要家长的理解。

当孩子说其他老师不好时，他可能特别想得到这位老师的认可，特别努力地表现，只是这位老师还没有发现他。此时孩子需要的是等待。

当孩子说反正成绩就这样时，他可能正在非常努力地提高成绩，只是他感觉希望不大。此时，孩子需要家长的鼓励。

当孩子说学校活动很没有意思时，他可能想参加这些活动，却没有被选拔上，或者他不知道怎样去参加。此时孩子需要家长的指导。

孩子发泄这些负面情绪时，正是家长教育孩子的好时机。家长不要直接否定孩子，要尽可能地引导孩子多倾诉。只有耐心地听孩子说，家长才能发现问题的核心。之后，家长再告诉孩子怎样去调整、怎样去适应，孩子一般会听得进去。

相反，如果家长不允许孩子说一些很负面的话，甚至认为孩子怎么变得这么消极，亲子矛盾就会产生，孩子就会说出更消极的话，家长就更加生气。一旦进入了理智不存在的阶段后，孩子就会说让家长更伤心的话。

这时家长最好赶紧停止与孩子争吵，否则越说越伤人心。

想一想，在与孩子的战争中，家长什么时候胜利过？

如何选科走班

在高一下学期期末考试之前，孩子会参加物理、化学、生物、历史和地理的合格考。孩子会在高二进行政治、语文、数学、英语的合格考。面对合格考之后的专业选择和专业组合，很多家长会比较纠结，不知道该如何选择。

对于合格考，家长务必提醒孩子高度重视。因为通过合格考之后，孩子就不用再去学高考不需要的科目了。如果没有通过合格考，高考时又不想选择这个科目，孩子还得浪费时间继续学习，直到通过合格考。

对于通过合格考后的专业选择，我这里有三条建议。

第一条建议是尊重孩子的学科特长。

在全省范围内来说，无论选择哪一个学科的组合，都有一个成绩的换算比例公式。比如，在全省范围内，选择历史的有 3 万人，选择地理的有 2 万人。通过公式换算，历史最高分与地理最高分一样，历史的最低分和地理的最低分也一样。之后再算出一个历史和地理各分数段的比分差，再把考生的原始成绩与各分数段相对，根据比分差换算出最终成绩。这样就避免了由于选科人数多少而造成的不公平。这个公式计算起来比较复杂。尤论选择某学科的人数是多还是少，优秀的学生依然会取得好成绩。所以从这一点上来说，家长首先应该考虑的是孩子对某门课的兴趣和孩子的学科特长，其次才是选科人数的多少。

判断孩子学科兴趣与学科特长的方法是根据孩子的学科成绩在年级中的名次，而不是成绩的高低。这是因为有些科目试题难度大时，孩子的分数会比较低，但是孩子的年级名次不一定低。有些科目试题难度小时，孩子的分数高，但年级名次不一定高。如果孩子的某个学科在全校的名次中相对突出，那么就建议孩子选择这个学科。

第二条建议是尊重孩子的兴趣特长以及大学专业的选择。

高考实行选科走班后，许多大学的专业会对某一学科进行限制。比如理科专业大多要求考生必选物理，许多文科专业要求考生必选历史。家长可以和孩子一起确定心仪的大学，之后再去了解一下孩子感兴趣的专业，这样就基本上确定孩子需要选择的学科。这个过程是家长学习的过程，也是与孩子一起了解高校专业的过程。一般来说，我建议理科的孩子尽可能地选考物理，文科的孩子尽可能地选考历史。山东省的高考采取"3+3"模式，而大多数实行高考选科的省份是"3+1+2"模式。"3"就是指语数外。对于理科生来说，"1"就是指物理；对文科生来说，"1"就是指历史。"2"是指学生在化学、生物、地理、政治四科中任选两科。这也说明了理科的物理和文科的历史在高考中的重要地位。

第三条建议是了解孩子所在学校某一学科的师资力量。

如果孩子所在学校的某一个学科特别优秀，孩子又对这个学科比较感兴趣，家长就可以让孩子选择这个学科。因为如果某一个学科的师资力量相对较强，那么孩子选择了这个学科之后，在全市和全省范围内就有可能占据一个相比于其他学科更优秀的位置，从而提高这个学科的最终折算分数。

第四条建议是有些学校可能会推出几种组合，家长要尽可能选择其中之一。

这是因为学校推出的选科组合，基本上是由学校老师的师资配备决定的。在这种情况下，我建议家长尊重学校的选科组合，根据孩子的特长，在其中选出符合孩子兴趣特长的选科组合。这是因为，如果孩子选的科目组合，恰巧不是学校推荐的，可能配备的师资不会太好。

期末寄语：强大的心态是走向卓越的必备

下面是一位高一班主任在学期末的讲话，呈现给家长，供家长思考。

各位家长，各位同学，大家上午好：

时光如梭，转眼间高一就结束了。回忆大家刚上高中时的情形，一切仿佛就在眼前。在这一年里，经过大家的共同努力，我们的团队取得了很好的成绩。我为大家感到自豪！

我在为我们的团队感到自豪的同时，也为我们每个人的成长感到高兴。我仔细阅读了每个同学的成长日记，看到最多的是"成长""为人处世""学习习惯""适应生活"等字眼。记得刚接到分班信息时，我翻看过你们所有人的初中档案，在86人中，有37人曾经担任过班长，有78人曾经担任过班干部，由此可以想象你们在初中时的光芒与优秀，以至于这些光芒与优秀还经常出现在你们家长的口中。但是从跨入高中的第一天开始，光芒瞬间开始消失，或者说你们不那么显眼了。在这个优秀的群体中，许多人可能一下子找不到自我的存在感。你们更加积极地参加活动，更加努力地为班级做事。总之一句话，你们每一个人都想让这个班集体因为自己的存在而有所不同。你们都在努力地创造自己的存在感。你们终于做到了。而在这期间，你们是艰难的，甚至是痛苦的。勇敢地面对艰难和痛苦，你们的心智就变得更成熟。那些打不死我们的，只会让我们更强大。

大家想过没有，高考状元，年级第一名，他们强大在什么地方？我认为他们绝不仅仅是知识丰富、成绩优秀，更是心态好。这种好心态是一个人面对难题时绝不慌乱，面对易题时绝不掉以轻心。即使被许多人当作超越的目标，他们也能从容应对，积极调节自己。良好的心态是大家走向优秀、走向卓越的必备。

在这里，我要向大家提两点具体的要求：

一、在假期，处理好活动、旅游、学习的关系

总的要求是：活动有成果，旅游有收获，学习有提升。

活动有成果。在这个假期，大家一定会参加不少活动。我对大家的要求是：不要仅仅抱着参加的态度，更应抱着拿奖的态度。因为你去参加活动时，别人在学习，所以你只有用拿奖来弥补你未学习的时间。如果你获得了奖项，并且在自主招生时用上了，那么就说明你参加的活动既提高了你的成绩，又提高了你的能力。仅有能力，没有成绩，你就进不了高层次的大学，你的能力就没有用武之地。即使进了好大学，你如果没有能力，也会找不到自己的存在感。我支持大家参加活动，并要求大家在参加活动时尽可能拿到奖项。

旅游有收获。大家一定记着，旅游也是一种学习方式。出国的同学带着《维克多新高中英语词汇》，本着学习与运用的态度突破词汇关。无论是国内游还是国外游的同学，你都可以写游记，内容涉及当地的历史、地理、风土人情。这些通过亲身体验学来的东西绝对比课本上学到的东西生动、具体。一定要抱着学习的态度去旅游，这样才会让你的旅程充满人文气息。

学习有提升。在初三毕业的那个假期，很多人一味沉溺在考上高中的欢喜中，结果错过了起点领跑的可能。我希望大家利用这个假期，好好学习，实现弯道超越。具体来说，你应该先复习课本，再做作业，这样做能够加深理解课本内容。我可以不要求你们把作业做完，但是你一定要保证不是为做作业而做作业，你应该先复习旧知识，再用作业巩固复习成果。你们还要"定时定量、保质保量"。"定时定量"不会让你做题的速度慢下来，"保质保量"也不会让你做题的正确率降下来。最后，你们要做好复习与预习。至少要拿出一周的时间用来预习下学期的课本内容。因为在下学期，随着选科走班的实行，学习难度会加大。提前预习，能保证你们跟上老师的教学进度。

二、进一步培养良好的习惯，而不是加剧不良习惯

你们在成长日记中说，已养成了很好的自控能力，有了目标，有了良好的人际关系。我希望你们在假期里保持这些良好的习惯。一定记住，在假期里，

可以适度放松，而不是完全放纵自己。比如你今天想看30分钟手机，结果你可能会超过30分钟。如果你不加以控制，你明天看手机的时间会超过40分钟。不给自己设立警戒线，你就会越来越依赖手机，越来越放纵自己。

使用老人手机的同学继续使用老人手机，使用智能手机的同学在家长上班时，将手机交给家长。家长回家后，你们可以在家长面前玩一会儿手机，甚至可以玩更长时间，因为你们已经离开手机独立学习一天了，家长也会支持你玩。或许，你会问，没有手机，遇到不会的题，怎么办。我从来都喜欢你们这样问。没有手机，问题得不到解决时的难受心情会让你印象特别深刻。手机搜题软件只会降低你解题的能力和思考的深度。没有用手机，自己独立解决问题，能提高思维的广度与记忆的深度。

只要做到这两点要求，这个假期，就注定会给大家带来收获与成长。我希望开学后的同学们以更加坚定、更加充实的面貌开始高二的征程。到那时，我再为大家举办这样的纪念活动，让大家年年有收获，年年有记忆。

谢谢大家！

在高一时就要准备好音乐考级

在这里，我首先要讲一讲艺术特长生考试与艺术生考试的区别。

艺术特长生考试，也叫高水平艺术团招生考试，考生首先要根据高校当年的高水平艺术团招生简章确定报考哪一所高校。如果某所学校今年所招的专业特长不是考生所擅长的，那么考生就无法报考。报考时，考生要根据高校要求寄送材料。通过初审之后，考生要参加所报高校的专业考试与文化课考试。考生通过复试后，高校会在教育部阳光高考平台进行公示。公示结束，考生就可以享受高校的优惠分数了（2019年度，大多数高校的优惠分数是20分，有的高校会优惠60分）。之后，考生正常参加高考，高考成绩出来后，考生的原始成绩加上优惠分数，如果能达到所报高校当年的最低录取线，考生就可以在自主招生批次里报考这所大学了。如果考生的原始成绩加上优惠的分数也没有达到该校的最低录取分数线的话，考生依然可以在正常本科录取批次中报考其他高校。如果在自主招生批次里被录取，该生进入大学，专业不受限制。也就是说，考生可以在高校中选择自己喜欢的专业。但是该考生要参加这个大学的乐团排练、演出活动，服从学校的安排。

艺术生是指考生的专业就是艺术，首先参加省里举办的艺术生联考，之后参加高校组织的校考。专业课成绩出来后，高校再按一定的比例确定录取原则，有的高校规定最低文化课录取线，之后再根据考生的专业成绩由高分到低分择优录取；有的高校把文化课考试与专业课考试成绩相加后，按总分高低择优录取；有的高校是专业课成绩过关后，根据考生的文化课成绩排名择优录取。所有艺术生考入大学后学习的都是艺术专业。

相比来说，艺术特长生考试与艺术生考试的不同之处就在于入学后所学的专业。这也决定了艺术生一般要超过艺术特长生的专业水平，而远低于艺术特长生的文化课成绩。

如果孩子有一定的艺术特长，家长可以根据两者的不同以及孩子的艺术水平确定孩子走哪一条路。

根据之前我了解到的信息，音乐特长生只考现场演奏，所以我就没让孩子准备音乐的考级。但是到了高二，我在具体研究各高校往年的高水平艺术团招生简章时才发现，很多高校在初审时就要求考生具有十级证书。所以，家长们一定要提前看一看各高校往年的高水平艺术团招生简章。比如北京大学的高水平艺术团招生简章要求考生提前寄送初审材料。而清华大学的高水平艺术团招生考试是现场初试。事实上大多数高校都会对考生进行初审。否则，全国各地的音乐特长生来到之后，学校还要组织老师现场对考生进行初试，这是很费时、费工夫的事。我们需要为孩子准备的初审材料如下：

第一类材料是孩子所获得的最高级别的证书。我推荐孩子去考上海音乐学院或者中央音乐学院的十级证书，因为这是全国认可度比较高的两所高校。

第二类材料是孩子在学校的乐团经历。一般要有学校开具的乐团经历或任职证明。我家孩子参加的是民乐团，并且担任民乐团低声部的部长，所以就需要学校分管艺术的教务处出示孩子的艺术团经历证明及低声部部长证书。

第三类材料是孩子在乐团期间，都参加过什么样的比赛，获得过什么样的奖励。最好是省级及以上级别的奖励。

第四类材料就是录制的视频光盘，最好上传百度网盘，同时提供网盘下载的提取码。光盘要选孩子最拿手的曲子，这样才能展示出孩子的最高水平。

光盘应该是最重要的一项初审材料。但是直到高三我才为孩子录制光盘。因为从高二考级到高三寄光盘还有半个学期的时间。在这期间，孩子的学习成绩和音乐特长水平都还在不断提高，所以在临近寄材料的时候，再让孩子录制光盘，才能反映孩子的最高艺术水平。

在了解了各高校的招生简章之后，我就知道孩子在高二时应该准备些什么了。在这里，要提醒家长，最好不要在高二暑假才参加上海音乐学院或中央音乐学院的音乐考级，而应该在高一暑假结束之前。无论如何，在高二暑假之前，要把孩子的相关艺术证书准备好。

第三章

高二陪伴，就是安静地和孩子做个朋友

03

写在高二生活开始之前的话

第一，家长需要注意的事情是孩子学习的分化。 高二是承上启下的一年。在这一年，家长需要注意的事情是孩子学习的分化。在这个时候，家长的陪伴就更为重要。

在高一的时候，如果第一次考试考得不理想，孩子还想再努力，还想再尝试。而在高二的时候，经过了多次考试，很多孩子就给自己定型了。一些孩子没有了初入高中的新奇感，努力程度也在降低。又因为离高考较远，班内没有很好的学习氛围，一些孩子就会出现学习懈怠的情况。学习懈怠就容易让孩子们出现差距。如何让孩子避免因学习懈怠而产生更大的差距呢？

如果把孩子读高中比作一次长跑，那么高二就是最易出现差距的中间阶段。因为一开始起跑的时候，大家都在积极地往前冲，但是跑到中间时，有人已经在前面很远地领跑了，在这个时候，一些落在后面的人已经非常疲惫，就很容易让自己停一停，结果就可能拉大与领跑者之间的距离。

如何激励孩子继续努力，永不放弃呢？家长要及时发现孩子的不良情绪，并及时开导孩子，给孩子做思想工作。

第二，家长需要鼓励孩子多参加活动。 在高二的时候，很多孩子开始丧失参加活动的热情。但是高二恰恰是孩子开始有收获的时期。因为孩子上了高三以后，学习比较紧张，不适合再去参加一些活动，所以，对于学校里的一些活动，比如英语能力大赛、辩论赛、模拟联合国活动等，老师就会鼓励高二的学生参加。高二是孩子拿成绩、出成果的时期。因为一些孩子在高一的时候就开始参加活动，经过一年的锻炼，他们已经从新手变成了各种社团、活动的主力。

在孩子上高二时，家长要陪伴孩子参加各种各样的活动，做好后勤工作，做好思想工作，做好支持工作，力争让孩子在这些活动中取得优异的成绩，为自主招生、综合评价招生等增加实证材料。

　　第三，陪着孩子锻炼身体。父母在家为孩子做饭的时候会注意少油、荤素搭配等。孩子上高中以后，他们平常在食堂吃饭，可能喜欢吃什么，就去买什么，往往会出现营养摄入不均衡的问题，导致身体素质变差。家长要陪着孩子锻炼身体。孩子有良好的身体素质，才能精力充沛，学习效率高。家长陪着孩子锻炼身体，还在无意中多了一个难得的交流机会。在体育场上、在运动场上，父母与孩子一起出出汗，说说笑笑，这是一幅多么和谐、多么美好的画面啊！

　　第四，做孩子的朋友。在孩子消极的时候，家长时刻陪伴着孩子，不需要说太多的话，只要让孩子感受到家长对他的关心。家长可能只是拍拍孩子的肩膀，可能只是陪着孩子默默流泪，或者只是在孩子流泪的时候给他抽出一张手纸。当孩子取得成绩的时候，家长会为孩子由衷地高兴，给孩子鼓掌加油。家长是孩子的朋友，与孩子一起奋斗、努力。

有时孩子只是想宣泄一下情绪

有一次，我想要打开抽油烟机，结果发现风速按键不灵敏了。按了两三次，我都没能打开抽油烟机。我的暴脾气一上来，就用手中的筷子砸按键。我对象在旁边看我这样做，就笑着说："你有本事把它砸了，换个新的！"

"砸了就砸了，怎样？"我的火气一点儿没有消减。

"你砸砸试试！"我对象从后边挠我，可能是想让我一笑了之。

我因为正生着气，哪有工夫跟我对象开玩笑，所以一下子就把他的手打开了，之后狠狠地瞪着他。我对象本来以为我们在开玩笑，看我来真的，一下子也上来火了："你这个人一点儿意思都没有，好好的心情都让你破坏了。"

我对象气呼呼地离开了厨房，就剩下我一个人。说好的一起做饭，他却走了，于是我的火气更大了。

好在我对象已经让我气跑了，任我敲打，他就是不理我。我对象用这种不理会我的态度暗示他在生气。

意识到我对象生气后，我的火气反而开始变小了。我一个人把饭做好后，就开始用筷子敲打假装睡觉的对象，也算是逗他，给他赔个不是。于是我们两个人和好如初。

这可能是夫妻世界里常见的情形。很多时候，我们不知因为什么小事就会吵几句嘴，又不知会因为什么事就自动和好如初。

我认为生活本就应该这样。

直到有一天晚上我接儿子回家。一路上，儿子不停地给我说话："从今天开始，我要进入期末复习状态了，感觉好有压力！"

"有压力是好事啊！适当的压力可以提高学习效率啊！"我想安慰一下孩子，缓解孩子紧张的情绪。

"你是不是还想说别有太大的压力？"儿子的口气一下子就开始变了，"我就知道你要教育我。对于你说的这些道理，我都懂。你知不知道，有时我对你讲一些话，只是在宣泄情绪，你只管听着就是了。"

一刹那间，我有点儿不知所措：我说错什么了吗？这些话都是我经常给学生们说的啊！为什么儿子会反感这些话呢？

我突然感到一种深深的挫败感，一种不再被别人需要的挫败感。儿子再也不需要我开导了。

可是，儿子既然不用我开导，那他为什么还要给我说他有很大的压力呢？

儿子仅仅是为了向我倾诉吗？

一路上，我都在想这件事。

突然想起那天发生在我和我对象身上的事。我之所以用筷子捣按键，是因为我想宣泄情绪。当时我就想听我对象说："就是，这个按键一点儿都不好用，我都想砸了它！"然后我对象帮我解决问题就好了。

可惜我对象用的是反讽的语气，是火上浇油，最终让我的火更大。当我对象不理我后，我反而好了。也许孩子感到学习难了，要投入学习，要努力拼搏，他告诉我一些话，只是在宣泄情绪，并不需要我的安慰。

有时孩子只是在宣泄情绪，并不需要家长引导，他可能只需要家长的陪伴和感同身受。

我应该顺着儿子的情绪这样说："在期末考试前，事情真多，真让人手忙脚乱！连老师都觉得累。"

再或者只需要静静地听着，就像我对象后来的做法，不理我，或者做个哼哈二将，表示他一直在认真地听我说就行了。

既然孩子只是在宣泄情绪，那么家长只管听就行了。

表扬孩子也是一门学问

有一次，我定错闹钟时间了，一睁眼，就发现起晚了。我和老公迅速起床收拾。

儿子也起床了，看我和老公慌张的样子，默默地去洗手间了。我就在厨房里为儿子做牛肉面，又给他加了青菜与煎蛋。

在我做饭期间，儿子没有像平时那样问："老妈，我的衣服呢，袜子呢？"等我把饭给儿子端到餐桌上时，他很高兴，因为这是他喜欢吃的早餐。儿子可能没有想到在时间这么紧张的情况下，我还给他做了他喜欢吃的早餐。儿子对我说了一句："谢谢老妈，老妈辛苦了！"

我习惯性地说了一句"没什么"，之后就迅速地去了洗手间。当我坐在马桶上时，我才突然想起，儿子表现得不错，他表达了对我的感谢。我不能草草地应付儿子的这句感谢。

所以我就补充了一句："儿子，你今天表现得很成熟。知道今天情况特殊，自己完成了各项准备工作，然后还知道给我说声谢谢。不仅不急不躁，还不忘对别人表示感谢，这就是成熟！"

儿子不好意思地"嗯"了几声。从我举的例子可以看出，夸奖孩子并不是一句简单的"你真棒！"。家长表扬孩子也是一门学问。那么家长该如何正确地表扬孩子呢？

《关键教养报告：关于孩子的新思考》的作者波·布朗森、阿什利·梅里曼建议，父母应更多地赞赏孩子努力的过程，而非结果，因为孩子更喜欢看到自己的努力得到认可。家长要留心孩子的努力之处、进步之处，这样才能做到"夸得到位"。家长如果看见了孩子付出的努力，不妨在表扬孩子时，详细描述自己的所见所闻。

比如家长在点评孩子作文时，可以说："文章的开头写得很好，你能想出这样的作文开头，实在很棒。最后结尾的这句话也写得比较精彩，用它来点题很恰当……"如果家长这样说，愉快自信的笑容就会洋溢在孩子的脸上。家长如果没有亲眼见到孩子努力的过程也没关系，可以用提问的方式让孩子自己说出努力的过程，在不失时机地加以适当的点评。

儿子想退出民乐团

我儿子这几天表现得有点儿奇怪，回到家后就一直抱怨作业多。他还特别提到了化学，说一个晚上就上三节晚自习，用了两节晚自习才做完化学作业。

不知为什么，我们俩的谈话充满了火药味，说着说着我就想生气发火。儿子让我去给他做一点儿饭，说很饿。我问儿子："你想吃什么？想吃西红柿鸡蛋面吗？"儿子却十分不耐烦地说："不吃。"我一听儿子这样说就有点儿上火："那你想吃什么？"

"谁知道你们有什么！"儿子依然态度不友好。

一看这架势，老公赶紧把我推进了厨房，把儿子推进了书房。之后老公进来小声对我说："最近儿子的作业多，脾气有点儿急。你干吗要跟他一般见识。"

其实我也没有真生气，就是觉得儿子有点儿莫名其妙。作业多是正常的事，只要学会调节、学会舍弃就行了。我曾多次给儿子说过，作业绝不是目的，它只是一种手段，只要达到了掌握知识的目的，可以不完成全部作业。

周二晚上，儿子要早回家练琴，所以第二节晚自习一结束，我就把他接回家。一进家门，儿子就在那里发牢骚："这几天的作业太多了！我不想参加民乐团了！"

"你不参加民乐团，高考时怎么参加高水平艺术团招生呢！"

"我又要参加民乐团，又要参加法律课题研究，我哪有那么多时间！"

"你为什么不想参加民乐团？你可以把参加民乐团的时间当成练琴的时间。"

"在民乐团练的曲子太简单了，我想练习低音提琴老师布置的曲目。"

在听到儿子不想去的理由后，我觉得他这个理由有些道理。儿子不是胡搅蛮缠，他的时间不够，民乐团的曲子又达不到提高演奏技能的目的。我觉得儿子可以退出民乐团。

我对儿子说："那好吧，我尊重你的选择，你自己给老师说清楚理由吧。至于法律课题研究，你可以根据你的情况参加，只要做好课题研究就可以了。至于选修课，你就别选了。"

在得到我的同意后，儿子的心情大好，拉了一个小时的曲子，之后就开始一边洗澡，一边听歌、唱歌，一幅很放松的样子。

突然间我才意识到：儿子觉得我可能不会同意他退出民乐团，于是就先让我觉得他很烦，他的时间很有限。接着他再给我抱怨时间少，之后再给我提出退出民乐团的要求，一切就顺理成章，达到目的了！

这小子，也会给我玩这一套了！我有点儿吃惊，也有点儿暗喜。

在与长辈、领导沟通时，如果没有之前的准备与铺垫，猛然间提出自己的要求，可能就会让家长、领导觉得自己无理取闹，因为如果一个人没有从情感上认可你，理由从来都会变成借口。在前期做好铺垫，再加上理性的分析与充分的理由，一切就会顺理成章。

我为儿子的心智成长感到高兴。由此，我想到了一则故事——

有一天，一位知名主持人问一个小朋友："你长大后想要当什么呀？"小朋友天真地回答："嗯，我要当飞机的驾驶员！"主持人接着问："如果有一天，你的飞机飞到太平洋上空，突然所有引擎都熄火了，你会怎么办？"小朋友想了想："我会先告诉坐在飞机上的人绑好安全带，然后我挂上我的降落伞跳出去。"当现场的观众笑得东倒西歪时，主持人注意到小朋友的眼泪正夺眶而出。于是主持人问小朋友："为什么要这么做？"小朋友的答案透露出一个孩子真挚的想法："我要去拿燃料，我还要回来！"

在听孩子说话时，一些家长真的听懂孩子话里的意思了吗？或者说，一些家长给孩子说明理由的机会了吗？如果没有，就请家长让孩子把话说完吧。或者让孩子说一说他这样做的理由，也许这就是家长"听的艺术"。

家长愿意陪着孩子折腾吗

儿子刚上高中时，是非常兴奋的。高中刚开学那几天，天热得让人睡不着觉。我想让儿子回家住，儿子都不回来。

本以为儿子上高中后，长大了，就远离我们了。没有想到，儿子竟然一天天地接近我们。儿子说不想住校了，理由是同宿舍的一个同学打鼾，影响他休息。于是儿子开始走读。每天晚上，我和老公都要步行到学校去接儿子。

很快，儿子提出能不能在学校附近住。于是，我们就搬到了学校附近住。

儿子又说在班里上晚自习学习效果不好，想回家来学习。

我老公表示赞同。于是儿子就实现了在家学习的愿望。

有一次小区楼下有跳广场舞的，影响了儿子学习。儿子又不好意思回学校学习。我就建议儿子去学校的书吧学习。儿子非常高兴地去了，回来后说那个地方很好，很适合学习。于是儿子就开始在学校的书吧上晚自习，每天晚上都学到 10 点，然后与其他同学一起正常放学回家。

每逢周末，儿子又提出去学校学习。

我问儿子为什么。儿子说在学校学习的效率高。我又问儿子为什么晚自习不在学校。他说因为晚自习一小时就休息一次，一休息就十几分钟，容易打断他的思路。周末我和老公都在家，总是打断儿子学习。在学校，尤其是在周末，没有人打扰儿子学习。

类似这样的事，反反复复地发生在儿子身上，我早就见怪不怪了。

我把它理解为儿子在不断地调整自己的状态，变换学习和休息的方式。我看到了儿子的努力和进步。我愿意接受儿子的这些改变，虽然这些改变有时打乱了我所有的生活节奏。

在这个不断调整、不断适应的过程中，儿子并没有离我远去。每天早上我都会给他做尽可能精致的早餐。即使一碗面，我也会给儿子加上煎鸡蛋、煎火腿，再加上青菜。鸡蛋是黄色的，火腿是红色的，青菜是绿色的，黄、红、绿三种颜色，看起来就让人有食欲。儿子每天早上坐在餐椅上时，总会心满意足地说一句："早餐好丰盛！谢谢老妈！"

即使是简单的煎肉饼，我也会在肉饼下面放一片生菜叶，这样让儿子更有胃口。

儿子爱吃刚出锅的包子，我就每周六自己发面，给他包包子。

除非是儿子特别爱吃的，我一般不会让一周的早餐重样。

儿子每天早上吃得心满意足，准备去上学时，总会给我们说："我要上学去了！"于是我们就会说："儿子，今天加油！"

原先我以为这些话有点儿虚假。但是有一次，儿子对我说："老爸今天没有给我加油。"我才知道，对于这些鼓励的话，儿子还是很在意的。

在适应高中生活的过程中，每一个孩子都在不断地调整自己。家长要跟上孩子的变化，没有什么不可以，只要孩子想往好的地方去做。

从这个意义上来说，对于一个能在学习上不断折腾的孩子，家长就要陪着孩子折腾。

如果你是一块玉，就不要让自己当砖使

如果你是一块玉，就不要让自己当砖使。在给学生谈心时，我反复说到这句话。同样的话我也说给了儿子听。

期中考试之后，很多同学想放松一下。我的几个学生告诉我，他们知道自己不应该这样，但还是控制不住地想放松自己。

见到儿子时，我看到他正在教室里偷偷玩手机。

于是我把儿子叫出来，给他说一下其他同学的情况。

儿子知道我的意思，解释说："刚考完，明天讲评试卷，没有作业，也没有需要预习的东西，所以大家放松一下，无可厚非。"

这是对别人的解释，也是对自我的解释。

我说："我理解大家的这种行为。正是因为这种行为可以被理解，可见这种行为的普遍性，也正好说明具有这种行为的人大多是普通人。"

但是一个优秀者不应该是这样的。曾经有一位优秀的学长，在高中时既是学生会主席，又是当年的理科状元。他是如何做到这样优秀的呢？

这位优秀的学长曾经问过这样的问题："你们会用课间 10 分钟做什么？"

一些同学当时就很奇怪学长为什么会问这个问题，于是就反问说："不就是上洗手间或者去接开水喝吗？"

学长接着问："在每一个课间，你都需要接开水、上洗手间吗？"

是的，在每一个课间，你都需要上洗手间吗？肯定不是。那么，不需要上洗手间、不需要接开水的时间都去哪儿啦？没有人在意，也没有人思考。

每天十节课，九个课间，累计起来就是一个半小时。每天一个半小时就这样被一些同学忽视了。

"我就是把别人忽视的这一个半小时用来学习。"学长看大家沉默不语，才缓慢但坚定地说。

可是，我们有多少人会想："我刚上完一节课，用这十分钟放松一下自己，不行吗？"

可能还有人会说："课间不休息，怎么能接着学好下一节课呢？"

是的，这些人说的话都有道理。

但是，这不意味着优秀的人也应该如此。

优秀的人就优秀在他能承受别人不能承受的，坚持别人不能坚持的，做到别人不能做到的。

如果你是一块玉，就不要让自己当砖使！

可能你会说："我想成为玉，但是做砖也挺舒服的。"

人要不断地走出自己的舒适区。

泰勒·本·沙哈尔在自己的书《幸福超越完美》中写道，绝大多数人追求的生活不仅是幸福的，而且是完美的。而这正是大多数人不幸福的原因。所以他提出了"幸福超越完美"的口号，提出不要人生的完美主义，而要最优主义。

也就是说，在这个世界上几乎不存在一些同学所想象的那种情况：既不努力，又能考好。这种理想的状态只会让自己既实现不了考好的理想，又让自己放不下自己的理想，最终只能不幸福。所以，与其这样，不如放弃完美的奢望，从现在开始，做最优主义者。只要你能把自己所擅长的事情做好，你就是幸福的。

所以，你要想成为玉，就要"千锤万凿出深山，烈火焚烧若等闲"。

而最为可怕的是，你明明是一块玉，却因为惧怕困难而放弃成为玉，把自己当作一块砖！

学会倾听，学会原谅

有一次，做晚饭的时候，我让孩子跟着我学做他喜欢吃的菜煎饼。孩子很高兴地跑过来，然后提起了上午的事情。

孩子说当时他正在玩《王者荣耀》，我却叫他去门口把楼道拖一拖。当时孩子看着我不太高兴，就放下手机去拖地了。由于中断玩游戏，孩子被同玩的人举报，因此游戏方就降低了孩子的游戏档次。降低游戏档次之后，下次孩子再玩游戏时，游戏方给孩子配备的同伴就是游戏水平低的。

孩子的一番话让我第一次意识到：游戏的规则原来是这么残酷。孩子让我第一次意识到为什么很多人沉迷于游戏，甚至在玩游戏的过程中不能被任何人打扰。

我很同情孩子，也想向他委婉地道歉。

但是在家长的心目中，游戏并不重要，它随时都可以被打断。所以我当时跟孩子开玩笑说："这样不是挺好的吗？给你配的队友水平差，你就不想玩了。你就正好不玩游戏了。"

其实我认为游戏可以让孩子暂时忘记一切，忘记学习的烦恼，忘记学习的压力。游戏对孩子来说也是一个很好的休闲和放松的工具。

孩子本来很高兴地跟着我学做煎饼，但是当我说出那些话的时候，他的脸色一下子就变了。孩子顺便提起上午的事情，肯定想听到我的道歉。而我没有道歉，还用开玩笑的方式说那些话。孩子没有听出我的幽默，更没有听到我的道歉，他突然转身离去。

看到孩子转身离去，我才意识到，孩子没有感受到我的歉意。

这是因为一些人道歉的方式从来都不是直接的，不会直白地说："对不起，我刚才说错话了。"他们喜欢用一种委婉的方式来表达歉意，或者用行动来表示歉意。他们已经意识到自己的错误，只是不善于用嘴说出来。

在人际交往中,如果对方很快地说出"对不起",我们有时反而会觉得他的"对不起"说得太快、太轻易,根本不是真心的,依然不会原谅他。于是我们会说:"一句道歉就完了吗？一句对不起就可以解决问题吗？"我当时已经意识到自己的错误,只是没有用孩子所期望的方式表达我的歉意,而是用成人的方式表达了我的歉意。

孩子并没有收到我的歉意。

我的孩子缺乏倾听别人道歉的能力。当别人不善于说"对不起"时,我的孩子要学着在别人看似并不是道歉的话里领会别人的歉意,进而学会原谅别人。

如果孩子善于理解别人,善于收到别人的解释和道歉,那么,别人也一定很愿意和孩子相处。

所以从这个意义上来说,孩子需要具备三种能力:第一种是让别人意识到自己错误的能力;第二种是能听到别人道歉的能力;第三种是能原谅别人,并且能够继续与别人合作下去的能力。

陪读，真的不容易

每天来回接送孩子，对家长来说是一件非常辛苦的事情。为此，我不建议孩子走读，想着办法让他住校。后来不得已，我们才搬到学校对面的房子里住。

刚搬过来时，儿子就提出来晚上在家里学习。好在孩子学习非常自觉，晚饭之后，他就进书房学习。但是，有时候我们家周围的环境不安静。我家楼前面有一个小广场，有人在那里跳广场舞。有时候一大早就能在家里听到一些商贩的叫卖声。这个时候我就会担心这些噪声影响孩子的睡眠。只有孩子睡好了，我才很安心。只要孩子睡不好觉，我就很难受。

有时候我就不得不上下协调邻居之间的关系。

记得在低音提琴考试前夕，孩子每天写完作业之后，再拿出一个小时的时间用来练琴。孩子写完作业之后，基本上是晚上九点多。低音提琴的声音低沉而浑厚，上下楼的邻居就很受影响。所以，我就建议孩子先练琴，然后再写作业。邻居家有一只小狗，小狗有时会弄出各种各样的噪声。这让孩子心情烦躁。

周六、周日，孩子有时在家学习。我家楼前面的小广场上经常有一个卖水果的人，用高音喇叭在那里叫卖烟台苹果、莱阳梨，影响孩子学习。不得已，我就跟卖水果的人商量能不能把喇叭声音调小一些。卖水果的人很奇怪地说："我在这个地方卖水果已经有很长时间了，没影响到别人，也没人干涉。"好在最后他同意调小声音。

类似这样的事情还有很多。磕磕绊绊地陪孩子走过高二这一年，我才明白：陪读，真的不容易。家长要时时刻刻把孩子的学习情况放在心上，时时刻刻想着给孩子创造一个舒心、完美的环境。但是家长会发现这几乎是不可能都做到的。做不到的时候，陪读的家长就觉得很累。

高三一开始，看到孩子在家里学习的状态并不是太好，我就建议他去学校书吧学习。书吧是一个开放的地方，难免有同学会在那里小声聊天或走来走去。

到了高三下学期，我就建议孩子回班里学习。为了让孩子回到班里上晚自习，我还找到孩子的班主任，希望班主任从侧面做一些工作。在班主任的建议下，孩子开始在教室里上晚自习。

教室里一样不可能完全安静。孩子也需要学会适应不太安静的环境。事实证明孩子在班里的学习状态还是很好的，虽然有时会受到一些干扰。我一直告诉孩子要提高抗干扰能力，因为有时我们改变不了周围的环境。

幸运的是，这些抗干扰训练对孩子是有用的。在考高考英语听力的时候，孩子坐在第一排，一位老师就坐在讲台旁的小桌子上，两条腿来回不停地动，不停地摇摆，有时会踢到孩子的桌子。孩子当时正在全神贯注地听听力，看到老师的腿在那里晃来晃去，就特别受干扰，不得已，他就把试卷竖起来放在前面，让自己看不到那位老师。考完听力之后，孩子就鼓起勇气给老师说："老师，不好意思，你能否不坐在桌子上？你坐在桌子上会影响我。"听到孩子这样说，老师才一下子意识到自己的行为对孩子的影响，连说"不好意思"。

事实上那位老师已经影响了孩子。不过好在孩子受过抗干扰训练。考完英语之后，对完答案，孩子的英语听力满分。也就是说，孩子虽然受到了干扰，但是并没影响到情绪。我觉得这要归功于孩子再次回到班级，回到集体中学习。

因此，我建议家长，可以在学校附近租一套房子陪读，目的只是为了让孩子晚上休息得好，可以让孩子吃上可口的饭菜，保证营养的供给。至于学习上的事，建议家长交给学校。因为学校才是学习的地方，教室才是高考的场所。为了让孩子取得理想的高考成绩，家长应该让孩子在教室里学习。

如果孩子在家学习，就势必想要理想的学习环境，但是居家环境不可能达到孩子的要求。当孩子的期望与现实不对等时，孩子的情绪就会有波动，家长会紧张。在这种情况之下，陪读就达不到良好的效果。

陪读时，家长要注意什么

在学校附近陪读的过程中，我发现孩子有一个习惯：那就是每天晚上孩子都会在马桶上蹲好长时间。后来我发现孩子利用这段时间玩手机，浏览新闻或者读一些网络小说。

我上网看了一下这些网络小说，全部都是长篇，基本上有几百个章节，还含有一些不健康的内容。

对于这类小说的阅读，我也不好说什么，因为孩子总要放松一下。我就决定给孩子订一些杂志。我也不逼孩子阅读，只是把这些杂志放在马桶旁边的一个架子上，让他坐在马桶上的时候伸手就能够得着。一开始孩子还是看手机，慢慢地就开始看那些杂志了。

一开始订的是《读者》。孩子喜欢看《读者》里面的漫画、幽默故事。遇到好玩的段子，孩子还要和我分享一下，这起到了很好的放松作用。逐渐地，孩子会去看《读者》里面的精彩文章。

后来我又陆续给孩子订了《新闻周刊》《第一时间》等等。这类杂志里面的内容大都是一些时事材料，往往涉及最新发生的重大事件。现在的高考作文以及英语的阅读理解，越来越贴近于这类社会事件。对于国内外发生的一些新闻事件，《新闻周刊》分析得非常深刻、非常透彻。《第一时间》则告诉学生如何巧妙地将一些重大的新闻事件运用到写作上，充当写作材料。事实证明这些杂志有助于孩子的自主招生、综合评价招生面试。

可能有人问：陪读时，家长要注意什么？

第一，我建议家长树立正确的陪读观。陪读不是监督孩子学习，不是不停地唠叨孩子。陪读的目的是给孩子全身心的陪伴，是让孩子心灵上放松，是让孩子生活上舒服。

第二，利用陪读的机会观察孩子的生活习惯，然后利用孩子的生活习惯，做一些有意的引导，帮助孩子学习。就像我趁孩子上洗手间的空隙，加大孩子的阅读量一样。

第三，做好作息习惯的监督与后勤的保障。这一点对孩子来说是非常重要的。因为一旦走读，孩子马上会出现的一个问题就是晚上睡得很晚，早晨却不想起。晚上睡得很晚和早上不想起床是相关联的。我不主张让孩子早晨睡懒觉。因为一个班级是有纪律存在的。当大家都在教室里进行早自习听力练习或背诵的时候，孩子姗姗来迟。班主任看见之后一定会批评孩子。另外，当大家都在安静地学习时，忽然有人推门进来，大家都会下意识地抬头看一下，这就影响了其他同学。家长要做孩子的监督者，督促孩子晚上不要熬夜，早上一定按时起床。

我家孩子在整个高中阶段一直坚持：晚上 10 点睡觉，早晨 6:00 起床。我会在 5:50 起床，把早饭做好，这样孩子就能在 6:15 吃上饭，6:30 就能吃完早饭去上学，6:45 左右到达教室，提前做好 7:10 上早自习的准备，也可以利用这段时间做两篇语法填空或背单词。有时孩子看我辛苦，会去学校吃早饭。

为了做好孩子的时间管理，我还专门测试了一下从家里出发到教室门口所需要的时间，按正常的速度步行，大约是 15 分钟。每天，我会给孩子留出 20 分钟时间，多出的这 5 分钟就是为了保证他无论如何也不会迟到。

在此，我建议陪读的家长们一定要注意从家里出发到学校的时间，同时要多留出一点孩子在上学的路上花费的时间，而不是恰恰正好的时间。假如孩子从家里出发，到学校需要 15 分钟，那么孩子最好提前 20 分钟从家里出发，留出至少 5 分钟的机动时间。否则只要路上出现一点儿变故，孩子就会迟到。迟到是最让班主任头疼的一件事情，也是让班里第一排同学或最后一排同学厌烦的事情。尤其是在冬天，孩子一推开门就会带来一股冷风，特别影响其他同学。虽然这些都是一些小细节，但是特别影响孩子的心情及学习状态。最好的督促不是监督孩子按时起床，也不是在孩子迟到后批评抱怨，而是用家长的保障来实现督促。家长每天保障孩子按时休息、按时起床、按时上学，就保障了孩子的学习。

好的陪读，就是家长在陪的过程中发现机会，利用机会去影响孩子的学习习惯。尽职的家长，就是把陪读过程中的每一个环节都落实到位，从而实现美好生活的愿景。

让孩子养成锻炼身体的好习惯

　　进入高三，孩子除了上体育课之外，大部分时间被用来学习。孩子有时会说脖子不舒服，希望我能陪他锻炼一下。

　　现在的孩子身材普遍高，而教室里的课桌又相对较矮。虽然现在教室里的课桌都是可以调整高度的，但是因为孩子们每周都要调换位置，再加上学习任务重，他们其实都不大在意"身体高、课桌矮"的问题，更不会调整课桌高度。这样就会造成一些孩子的身体长时间处于一种弯曲的状态。时间一长，很多孩子就会觉得颈椎不舒服。颈椎不舒服，孩子的学习效率就非常低。一些孩子早早地就贴上了艾灸贴。

　　当儿子提出能不能每周五晚上陪他去打羽毛球或者游泳时，我才意识到儿子的颈椎也开始不舒服了。于是我赶紧在附近的体育馆办理了一张羽毛球卡，每周五上午提前预订好，晚上陪儿子去体育馆打羽毛球。有的时候孩子在学校先学习一段时间，到晚上七八点再去打球。有时候孩子下午放学，先回家和我们一起吃饭，再和我们一起去打球。

　　在打球时，他一个人和我、老公两人对打，一个小时基本不休息。这对孩子来说锻炼的强度非常大，每次孩子都是出一身汗，但他感觉一周的疲劳瞬间就没了，很舒服。同时，家长陪着孩子打球的时间，也是很好的亲子沟通时间。在走着去体育馆的路上或回家的路上，在中场休息的几分钟，我们都会聊一下当天发生的趣事，或者新闻事件等。孩子也会给我和老公聊同学之间的趣事，或者说说最近的学习情况等。

　　在此，我建议家长们一定要让孩子拥有良好的身体素质。在高三阶段，孩子所在的班里就出现了好几例典型的事件。距离高考还剩两个多月的时间，有一位同学的眼睛突然出现问题，不得不放弃学习，全力以赴地去治疗。因为医生发现那位同学的视力下降得很快。医生说，如果再不治疗，那位同学可能就会失明。在这种情况下，家长不得已只能选择孩子的健康，让孩子放弃高考。另外还有两位同学，因为身体原因，学习时断时续，整个高三有将近一半的时间待在家里。这两位同学的自学能力都很强。有一位同学高考的成绩还不错，但是另外一位同学的成绩下降幅度很大。

到了高三，沉重的压力会让孩子的抵抗力下降，孩子很容易生病。孩子一生病就会耽误学习。所以，我建议家长陪孩子锻炼一下身体，最好是那种能让身体出汗的体育活动，以便释放一下学习的压力。

孩子释放学习压力之后，学习效率就高了，也就不需要采用疲劳战术了，学习状态与自我感觉也会非常好。

继续做班干部

上初中的时候，孩子在初一担任纪律委员，在初二担任学习委员。上了初三后，很多同学放弃做班干部。当班主任张老师问孩子是否愿意做班长时，孩子征求了我的意见。我说："首先，这是张老师对你的肯定。其次，通过为大家服务，你也会获得成就感。这会对你的学习有促进作用。即使一些班级琐事会耽误你不少学习的时间。"就这样，孩子在初三担任班长，和班主任张老师结下了深厚的友谊。在通过二中的自主招生之后，孩子首先想到的是要给自己的所有任课老师送上一束鲜花。

做班干部的优势之一就是能够和老师们有更多的接触。

只是现在的一些孩子很奇怪，他们不愿意和老师接触，不愿意为班级做一些力所能及的事情，也不愿意为其他人做一些事情。有时候需要派几名学生帮忙搬运资料，普通老师都叫不动他们。

为了培养孩子为集体服务的意识，为了提高孩子的综合能力，家长可以鼓励孩子担任班干部。

首先，班干部的事情很多，孩子如果不想耽误学习，就必须提高自己的学习效率和办事效率。一段时间以后，孩子做事的能力，特别是统筹全局做事的能力就会大大提高。在学习与班干部工作发生冲突的时候，孩子必须学会取舍。担任班干部非常锻炼孩子。

其次，做班干部就是"攒人品"。好的人品能让心情愉悦。良好的心情有利于提高学习效率。儿子在参选优秀毕业生时，高票当选，原因就是在高三担任班干部时，他为班级出了许多力，得到了老师和同学们的认可。

最后，班干部容易与教师近距离接触，便于形成良好的师生关系。有时孩子会因为某科老师对他好，他才对这一科感兴趣。当班干部的时间久了，与各科老师交往的机会就多了，孩子就会发现各科老师的许多优点，容易认可各科老师，在无意中提高学习成绩。

成人礼纪实

2018 年 5 月 14 日，学校要为儿子这一届学生举办成人礼。为了给儿子一个难忘的成人礼，我和老公做了大量的工作。

首先是写信。老师要求家长给孩子写一封信。我和老公就一直在思考：写什么？怎么写？最后决定如实地记录我们的真实感受。

其次是用什么方式写信。一开始我想用电脑写，后来觉得一定要手写。决定手写后就开始想该用什么纸。一开始想用普通稿纸，后来我在文具店里买了一本精美的暗底花纹的信纸。我先在草稿纸上写好草稿，然后一笔一画地用钢笔抄写在信纸上，之后再把信纸折成一个看不出从哪里开启的长方形，以便让儿子体会到我的用心。

最后是取字。我们给儿子取字为"抱璞"，又为孩子特意准备了精美的字帖，上面写着孩子的名字和"字"。在成人礼上，我们要把这些东西亲手交给孩子，然后给孩子解释为什么取这个字，他的名字有什么意义，"字"又有什么意义。名字是父母送给孩子一生的礼物。"字"则是孩子成人的标志。

到此，一切准备工作完毕，我们等待迎接那一个美好的日子。

生命中每一个重要的日子，都需要有仪式感。

5 月 14 日下午，家长们都早早地来了，穿着正装。有的妈妈还化了精致的淡妆。

15：10 下课。学生们很快地换好衣服，整齐地走下楼梯，来到红地毯前，按既定的顺序站好。62 位女同学，齐刷刷地穿着颜色鲜艳的汉服，真的非常好看。男生则穿着黑色的汉服，庄重而严肃。

15：20，司仪王老师，站在拱形门前高声宣布："吉时已到，2016 级数学 MT 成人礼正式开始。请各位嘉宾和学生步入礼堂！"

先是学校领导，接着是任课老师，最后是家长领着自己的孩子，依次走过红地毯，走过成人之门，进入学校的多功能厅。学校领导和老师坐在第一排，家长坐在第二排、第三排、第四排，孩子们齐刷刷地站在多功能厅内的台阶上。当所有人都就位后，礼堂瞬间安静下来。这种安静让每一位同学都感受到了成人礼的庄重。

成人礼共四个部分，先是校领导讲话，接着是教师给女生"加笄"，给男生"加冠"，之后是家长赐字、交换书信，最后是班主任训示。

这个时候我们才体会到老师让写信的意义。没有这个仪式，没有这个场合，其实很多话是说不出来的。因为父母和孩子之间，朝夕相处，关系太过于亲密。太过于亲密的人之间，有些话是说不出口的。学校举办成人礼的一个目的就在于通过这种庄重的仪式，通过学校领导、老师、家长、同学的见证，赋予这个平凡的日子一种特殊的意义。在这种特殊的意义及背景之下，学生与家长才能够说出他们平时想说又说不出口的话。

赐完字后，孩子给父母行长跪礼。当孩子真的跪下身子给父母行礼时，父母和孩子再次泪崩。

有的人可能会觉得学校这样做的意义不大，哭过之后，孩子还是该怎么样就怎么样。但是我从来不这样认为。如果一个人在一生中能够真正地、发自内心地痛哭几次，我想他的心里一定没有太多污垢。如果孩子连这种流泪的经历都没有，又如何有对父母感恩的意识呢？

愿每个孩子尊师重道，博学笃志，不断进取，共同奔赴理想的远方。

写给儿子的信

儿子：

今天是你的成人礼。父母为你成人而高兴！

在你出生之前，医生怀疑你有严重疾病，还建议我们不要生下你。是妈妈坚持留下了你，才有了你今日之生命。你出生后，再次复查，证明当时是误判。每念于此，我们都感叹自己是何等庆幸。稍一犹豫，我们可能就会错过父子、母子这一场。因此，望你珍惜自己的生命，无论遇到任何艰难、任何困苦，你都要记住："活着就意味着未来。"就像当初妈妈不放弃你一样。

今天是举办成人礼的日子，意味着你从今天开始就是一个大人了。怎样才能成为一个大人呢？

首先要自觉自醒。千罪百恶，皆从傲上来。许多有才华的人都倒在了人生的路上。才华是更好地为别人服务的，不是用来瞧不起人的。

其次，自觉自醒后要有治国平天下之志。一个有志于天下的人，功名是他为更多天下人服务的手段。所以，他不会淡泊名利，而会努力地求取功名，只是不以功名为目的。

最后，要处理好自己与他人的关系。孝顺父母，顺从兄长，是仁爱的根本。爱人者，人恒爱之。想要别人爱你、帮你，只有一种方法，那就是爱别人、帮助别人。

你可能会有一个疑问：按照户口上的年龄，你还不到十八岁，为什么学校要在这个时候举办成人礼呢？

你出生在农村，可能还记得农村的习俗。农村都是按虚岁。虚岁一说，是中国的特色。虚岁与周岁的最大不同在于，自从你来到这个世上的那一刻起，这个世界就承认你一岁了，这是世界对你的认可，是对生命的尊重。从这个意义上来说，今天学校给你们举办成人礼，恰恰就是中国传统的成人礼。

　　按照传统的成人礼，我们应该给你束发、取字。束发意味着你从此再也不是黄发垂髫，需要注重自己的仪表，因为社会已经开始按成人要求你了。取字意味着你是成人了。你的名字是"美玉"的意思。我们给你取字"抱璞"，就是希望你将来成为美玉一样的君子，永远胸怀初心，就像玉一样永远记得自己是璞的样子。

　　祝你健康成长。

爱你的爸爸妈妈

2018 年 5 月 13 日

去大学图书馆的自习室学习

由于学校放假，儿子就约着同学一起去大学的自习室学习。

之所以去大学的自习室学习，是因为之前班里有两个女同学去那里学习，说学习的氛围非常好，也很安静，并且能学到晚上 9:30。后来我还特意在晚饭后去那里看看情况，还真的不错。自习室很大，很安静。另外，让儿子提前体验一下大学生活，也未尝不是一件好事。

儿子第一天去大学自习室学习。当天下午我给儿子打电话，问他什么时间回来。他说大约晚上 9:30，我问儿子能不能早回来一会儿，儿子说那就提前半小时吧，于是他到家的时候差不多 9 点了。回家后，儿子非常兴奋地说，大学的自习室比高中的自习室高级多了，而且每一间自习室都很大。

儿子与同学一起在大学餐厅吃的午饭。我问儿子怎么吃的。儿子说，他同学的妈妈是大学的老师，所以有饭卡，他用他同学的饭卡，之后再用微信把饭钱转给同学。

在大学自习室学习，学习氛围好，吃饭方便，学习与吃饭的问题都解决了。

其实，青岛有很多公共图书馆，这些图书馆，基本上对公众免费开放。

因为图书馆是用来读书的地方，一般都会有人专门管理，也就是说如果有人在图书馆里说话、打闹，影响了他人，图书馆的管理人员一般都会加以制止。这就确保图书馆有安静的学习环境。

更重要的是，越是人多，图书馆的管理可能就会越严格。从另一个角度来说，人多，又特别安静，就会形成一种学习氛围，这种氛围会让人专注学习。

有的孩子可能会觉得，一个人在家学习会特别安静，而且特别方便，在家学习多好。如果你在家学习，可能一会儿想吃点儿零食，一会儿想坐在沙发上看几眼电视，或者去洗手间刷一会儿手机。你如果坐在很舒服的沙发上学习（注意不是看你喜欢看的书，而是学习、做作业。做作业的心态与读喜欢的书的心态是不一样的），不久就会发困。

所以，我从不提倡孩子在家学习。

如果孩子在家学习，就要坐在学习用的板凳上。一定要收拾好床上的被褥，因为凌乱的床铺会让孩子随时有躺上去的冲动。将床铺收拾整齐了，给孩子的暗示就是不要躺在床上。

教孩子在冲突中解决问题

校园是孩子步入社会的第一步。在这个小社会中，孩子会遇到各种问题。虽然儿子上高二了，但是在处理与别人的冲突时总是不得法，有时明明是他不对，却倔强得不想承认自己的问题。我曾给儿子讲过多次道理，却不见什么成效。

有一次，我带儿子去潍坊参加"创新英语大赛山东赛区比赛"。当时我们开车去的青岛火车站，加上那天下雨，火车站的车位很紧张，火车站的地下停车场前排起了长队。眼看着时间一点点流逝，离我们那列火车检票的时间越来越近，我心里很着急。一看到地下车库电子显示屏上显示有车位，我就一脚油门踩下去，扫描仪已经照到了我的车牌，并且将信息录入进系统了，而入口处的挡车杆迟迟不抬起。

儿子在旁边提醒我倒回去，换个角度试试。于是我就倒回来一点儿，重新开车进去，试试，不行。再倒回来，再前进，再重新对着扫描仪，还是不行。试了三次，挡车杆就是不抬起。于是我下车找管理员。却不知管理员去了哪里。下着雨，我又没有打伞。旁边一个送货的人看我狼狈的样子，就好心地建议我，往后倒远一点儿，再试试！于是我又钻进车里，挂好倒挡，又是一脚油门。"砰！"我的车与后面的车撞上了！

我回头一看，惊叹：天哪！怎么偏偏又是这辆车！刚才从路上拐入排队的车队时，我就因为猛的一停，让后面的这辆车差点撞到我，当时车主就拼命地鸣笛来表达他的不满，而现在我又撞上了人家的车。这可怎么办？此时那位车主已经打开车门，向我走过来了。争吵就要发生了。我该怎么办？

更急人的是我们的那列火车马上就要开车了！

形势所逼，一切都不允许我有任何辩解的时间，于是我就赶快打开车门，一脸歉意，主动迎上去，接连说了一串的"对不起"，之后说："我孩子要去潍坊参加考试，火车马上就要开了，前面没有车位，又下着雨，我心里急，一个没注意就撞到了您的车。您看怎么办？要不咱们留个电话，报个案，我给您赔。"

儿子也从车里走了出来，背着书包。那个人看了儿子一眼，确信我说的是真的。

那位车主不好意思再发火，但还是很不满意地数落我："你这个人开车怎么一点儿都不注意，刚才猛刹车，就差点让我撞到你。"

那天我实在没有时间了，于是我又赔了笑脸："是，是，是我不对，太急了，没有想到！"

但是这时我把话题赶快一转："咱看看车损吧。如果要报案，您报案就行，该怎样赔就怎样赔。"

那个人看我转移了话题，也不好意思再追究下去，而且他也关心自己的车，所以争吵就此停下。结果两辆车只是轻微地碰在了一起，他的那辆车只是稍微掉了一点点漆。

我当时真的怕那个车主较真。但是没有想到那个车主挠了挠头皮，最后他竟然说："算了，你这个人真是的！"我不好意思地笑了笑："真是对不起，我这个人太急了。谢谢您啊！您太宽宏大量了！"

那个人也不好意思了，也冲我尴尬地笑了笑。这一笑，泯了一切恩仇。

于是下面的事情就方便多了。因为我的车一直进不去，我就必须让我车后面的那位车主先进去，让扫描仪读取他的车牌后，我的车才能进去。于是我就下来指挥，让后面的一些车主往后倒，我再将车倒出来，然后再让我后面的那位车主开车进去，最后我再开车进去。一切都非常顺利，大家都非常配合，没有想到结果这么美好。

更重要的是那天我们没有误车。

父母处理冲突的方式会对孩子产生很大的影响。那天我在无意中教孩子如何解决突发事件。

①道歉，不管你愿不愿意，在某些时候这一定是解决问题的办法。

②你如果确实伤害了别人，不仅要有口头道歉，还应该让别人相信你的道歉是真诚的，是事出有因的。

③有时候即使你道歉了，别人也会埋怨，因为伤害还在。在这个时候，你

要把话题转移到伤害的处理上。

④伤害解决，得到别人的原谅后，你应该对别人表达感谢，更应赞扬别人，让别人获得一种满足感，用精神上的获得弥补伤害带来的不快乐。

陪儿子参加创新英语大赛

全国创新英语大赛是由高校招生杂志社与国内数十所名牌高校联合创办。初赛是由学校组织学生参加的。初赛主要考查参赛者的英语写作水平。参赛选手通过大赛官网进入比赛系统，按照要求在线提交一篇作文。初赛过关之后，参赛选手参加复赛。组织者在全国设立多个复赛赛区。参赛选手可就近选择赛区参加复赛。复赛考查参赛选手的英语综合能力，采取现场考试的形式，主要题型有听力、单项选择、阅读和完型填空。复试之后是决赛、总决赛。决赛采取笔试＋面试的形式。上午笔试，下午面试。面试分为好几个小组。一般来说，四个人一组。小组内的每个人会抽到不同的话题。每个人针对自己抽到的话题演讲 90 秒，另一个人点评 40 秒。可以把这四个人假设成 A，B，C，D，A 先演讲，A 说完之后 C 点评；然后 B 演讲，D 进行点评；C 再演讲，B 点评；最后 D 演讲，A 点评。总之一个人既要针对话题演讲，又要点评别人。

至于话题，内容广泛。儿子抽到的话题是："如果你有能力改变一件事情，你最想改变的是什么事情？"儿子说如果有可能，他最想改变的是来青岛这件事。儿子说来青岛后认识了很多好朋友，也失去了许多好朋友。看样子儿子在考试时遇到了童年的伙伴，他感慨良多啊。大家都长大了，以致谁也不认识谁了，才仅仅不到八年的时光。他们之间已经没有共同的话题了。这些可能让儿子有些伤感。

当然有的人抽到的话题就不好讨论，比如有的人抽到的话题是："假如你是个女孩／男孩，你会怎么办？"也有的话题很好表达，比如有的人抽到的话题是："你得到的最好的生日礼物是什么？"这个同学就没有说是什么礼物，而是讲自己外出参加比赛时，正值自己生日，通过一番拼搏获得了冠军。其他同伴在那天给他过生日。他说这是最好的生日礼物。

让儿子点评的那个同学抽到的话题是："学校提倡穿校服，你是支持还是不支持？”要特别注意比赛要求，是让参赛选手对他人的发言做点评，不是表明自己的观点，也不是重新阐释话题。所以，考生一定要听大赛的说明会，要确认具体要求。点评对方的发言，一般是从对方的观点是否明确，逻辑是否严谨，所举的例子能否支撑观点，表达是否流畅等几个方面进行点评。

儿子说，点评他的一个队友，几乎是背的稿子。有一些万能点评的句子，大家是可以用的，只是要结合具体的内容。对于这类考试的备考，可以让孩子下载一些往年的试题，提前准备一下。

参赛者在抽到话题之后，进入备考室，准备自己的话题演讲。不允许参赛者带任何东西进考场，考场里面也没有考官，只有两个在前面录像的老师。一组参赛选手各自面对镜头。最后，比赛录像被送到组委会成员那里，统一进行评分。

要提前一天到比赛地点。提前一天到达的原因是考前会有说明会。说明会分好几场，可以选择自己适合的时间。在说明会上，一般会有往年的考生介绍考试经验，主办方介绍比赛的规则以及写作的技巧等。说明会上的“干货”很多，对孩子来说非常重要。

那天在火车站上，儿子一等就是四个小时。本来我想改签提前走，但是只有一等座或商务座了。眼见自己的同学一个个都走了，而自己却无法走，儿子就说了一句：“为什么我们不能坐一等座或商务座？我还没有坐过一等座或商务座呢！”

当儿子说他还没有坐过一等座或商务座时，我才意识到，又限制了儿子的生活经历。让孩子经历一次未曾体验过的事情，这是父母应该做到的事情。我要列一张清单，看孩子还有哪些没有经历过的事情。只要条件允许，就让孩子经历一下，这未尝不是教育的突破。一些家长总是用自己的经历为孩子做人生规划，总想为孩子做人生打算，却从没有想自己能给孩子哪些资源。

让孩子多经历一些事情，多接触一些事情，可能孩子的发展就会不一样。

如何申请高校夏令营

从学长那里得知，每年北京大学会给二中两个优秀中学生夏令营名额。学校一般会根据学生的历次成绩分配这两个名额。根据七次期中、期末大考的成绩排名，儿子是年级第二名。儿子虽然是理科生，但是文科成绩也不错，多次参加作文大赛与英语大赛。因此我想让儿子去学习文理兼收的法学专业或经济专业。这两个专业都是北京大学的优势专业。鉴于此我很想让儿子报考北京大学。但是北京大学的夏令营招生简章迟迟没有发布。而上海交通大学、复旦大学早就发布夏令营招生简章了，但都是生物医学、船舶制造方面的夏令营。

如果报上海交通大学的夏令营，那么儿子就占用了学校的一个名额，他就不能再报北京大学的优秀中学生夏令营了，因为学校不可能给他两次机会。上海交通大学的专业也很好，将来海上钻井平台、深海潜水器等都是大国重器，属于高薪职业。

最终我们给儿子先报了中国科学院大学的夏令营，同时等待北京大学的夏令营。因为中国科学院大学的夏令营不需要学校推荐，学生可以自主报考，且不限名额。

之所以如此纠结，是因为我觉得夏令营是各高校自主招生前的一次选拔考试。参加高校的夏令营，孩子如果能获得"优秀营员"的称号，自然就会在自主招生考试中进入复试环节，高校会给孩子一些录取分数上的优惠。参加高校夏令营的目的就是为了参加高校的自主招生。

参加高校的自主招生，有两个好处：一是拿到加分后，孩子在最后的高考冲刺阶段，心态就比较轻松。心态的改变会提升孩子的自信心。二是自主招生的专业往往就是孩子喜欢或者擅长的，高考后孩子基本上不用再纠结专业了。比如一个获得过信息竞赛省级一等奖的同学，通过自主招生考入了清华大学的信息科学学院。另外一个同学通过高考也考入了信息科学学院，但是对计算机编程一窍不通，一切都要从零开始学起。那么，这两位同学入学后的差距一下子就显出来了。

我特别想让儿子报考北京大学的综合营。因为只有综合营需要学生在学校的综合成绩排名，也只有综合营中有法学专业。

在这里，我要简单介绍一下夏令营。

夏令营是名校招生的一个特色。各高校会在自己的网站推出一系列的夏令营，比如北京大学、清华大学、复旦大学、上海交通大学、上海科技大学、天津大学等高校，有的夏令营收费，有的夏令营不收费，目的都是为了提前锁定一批优秀的学生。

北大、清华的优秀中学生综合营，相当于以前的北大、清华校长推荐，是定向推给那些往年为北大、清华输送了优秀学生的优秀学校，再由这些学校选择综合成绩最好的学生推荐给北大、清华。北大的综合营需要学生提供从高一到高二以来的历次期中、期末成绩，以及在全校的综合排名。初审报名要到网上注册，要提交自己高中以来的历次成绩，并盖学校教务部门公章和学校公章，还要有校长签字。同时还要求学生提交高中阶段的获奖证书。

在提交这些材料时，建议家长先扫描证书，变成扫描件后，再根据网站要求，分别提交。可将提交的材料分为三类，第一类是学科竞赛，比如作文大赛、英语大赛等；第二类是社团活动比赛；第三类是社会志愿活动。这些材料都是孩子将来参加自主招生考试时必须准备的。

北大还有许多学科营，比如物理营、国际关系营、历史营、考古营等，这些都是针对在某一学科方面表现优秀的学生。这类的学科营不限名额，可以根据孩子的特长报考，只是一样参考学科成绩。

我也为儿子报了北大的国际关系营。我认为儿子擅长写作与辩论。但是不知道为什么我家孩子没有通过。

二中的一名文科生，学习成绩年级排名前六，通过了北大的国际关系营。我认为这名同学之所以通过，是因为她参加了北大举办的模拟联合国，并获得了最佳风采奖。如果你的孩子在北大没有留下过任何痕迹，北大很难发现你的孩子。

所以想考北大的同学一定要想着在高一或高二时参加北大举办的活动。如果你的孩子能在北大举办的活动中获奖，他就有可能被高二暑假的学科夏令营选中。如果你的孩子获得了学科夏令营的"优秀营员"称号，他就有资格参加北大的自主招生。如果你的孩子在自主招生考试中获得了好成绩，他就有可能获得高校降分录取的资格。

建议家长们要多学习、早研究高校的夏令营，并且帮孩子把资料分门别类地准备好。

一般来说，可以将孩子的材料分为综合荣誉、学科竞赛、专业特长、社会活动等几大类。扫描孩子的每一个证书，并以 PDF 格式保存图片。然后把同一类的证书扫描件放在一个文件夹中。最好用文字标注获得证书的时间、地点。最好保存孩子参加各种活动的照片。

接受名师的音乐指导

在孩子高二放暑假的时候，我决定让孩子去北京接受一次名师的音乐指导。

孩子的低音提琴老师一直是刘老师。刘老师是青岛交响乐团低音提琴的首席，水平非常高，经常在世界各地参加演出。但是无论如何，我觉得孩子需要跟着北京的老师学习一次，因为孩子将来想考北京的高校，需要北京的老师面试。我们不太清楚北京的老师是什么样的风格。刘老师也建议我们最好去北京，找一个高水平的专家，看一看孩子的水平。我们就拜托刘老师找到了中国爱乐乐团的低音提琴首席。

和老师约好时间、地点之后，我们就去了北京。

老师非常热情，坚持让孩子现场演奏一下他熟悉的曲子。这几年来孩子一直在重点练习两首曲子。所以孩子就现场演奏了那两首曲子。

听完孩子拉的那两首曲子之后，老师就摇了摇头，可以看出老师不是特别满意。

当老师在指导孩子的时候，我就问老师可不可以录音。老师说："你别录音了，你最好用手机录像，然后回去之后再让孩子反复地看录像，反复地练习。"

老师在那儿指导孩子，我就在旁边录像。后来孩子考上北京大学后，我给老师报喜，老师也很高兴。

去北京的求学之旅让儿子突然意识到自己做得还不够好。报考北京大学高水平艺术团的学生专业水平非常高。北京的老师说以孩子现在的演奏水平，还是有很大的差距。儿子从北京回来之后，就更加刻苦地练琴。

儿子对照着录像，再加上刘老师的指导，演奏水平有了很大的提升。

总之，要感谢北京的求学之旅，让孩子一下子找到了差距，也让孩子明确了努力的方向。

参加北京大学优秀中学生夏令营

北京大学优秀中学生夏令营不接受个人报名，只接受学校的推荐。

青岛二中是北京大学的优秀生源基地，所以每年会有优秀中学生夏令营的推荐名额。学校通过排名、公示，最后确定由儿子代表学校参加北京大学优秀中学生夏令营。

之后我们就开始准备各种材料。

我们之前已经把孩子的材料进行了分类整理。学科类材料：参加过的辩论赛、作文大赛、英语能力大赛、数学竞赛等。音乐类材料：二胡、低音大提琴。课题研究材料：在学校参加的法律课题研究。公益活动材料：中山路义工的社团活动、青岛上合峰会的志愿者活动等。在这里，我要提醒各位家长注意以下几个细节：

首先，家长需要把每一份材料的时间确定好，提供的每一个证书，都要有具体的时间。参加的志愿活动，还需要具体的地点。

其次，要设计一个表格。如果学校提供统一的表格，那更好。按表格要求一一填写即可。一般来说，每一份材料都应附有简单的文字介绍以及照片，然后盖上公章。

把盖章的表格原件扫描完之后，和其他证书一样，一一上传到北京大学本科招生网。

一开始整理这些材料时很费劲，我们简直有点儿抓狂的感觉。事实证明将这些材料准备好了，可以说是一件一劳永逸的事。因为后续的冬令营、高水平艺术团招生、自主招生以及综合评价招生报名时，都需要将这些材料上传网络平台。这时，只需要把材料按照要求复制、粘贴、上传就可以了。

完成了北京大学夏令营的申请之后，还需要等待北京大学的审核。审核结果会在北京大学本科招生网站上公示，考生凭申请号进入网站查询。

孩子通过了北京大学的初审，就去北京大学参加夏令营了。夏令营的时间比较长，将近一周左右。第一天报到，第二天考试。考完之后就是为期几天的参观学习，在报告厅听北京大学的学长介绍学习经验。

事实证明，第二天的考试是非常重要的。在北京大学的夏令营考试中，儿子和另外一个同学都没有获得"优秀营员"的称号，原因是考试成绩不是很理想，尤其是数学成绩和物理成绩。如果只有高中知识的水平，在这类级别的考试中，孩子的分数就会比较低，容易错失机会。

总之，孩子在暑假参加高校举办的夏令营，也能提早接触学科前沿，了解各学科魅力，有助于提前规划好自己的高考志愿，扩宽视野，提升自身素质。

第四章

高三陪伴，就是默默地做好孩子需要的角色

04

写在高三生活开始之前的话

在高三，家长要做好孩子需要的角色。

进入高三，班级的学习氛围会一下子浓厚起来。在这个时候，一些孩子会不由自主地受氛围的影响而对自己提出更高的要求，成为学习的主人。

高三学生的家长要自动地转变为高考政策的学习者、高考所需材料的整理者、孩子的心理调节者、孩子的陪伴者。这些角色并不是孩子有意识地安排，而是家长意识到孩子的需求，自动担当起来的。

一、做高考政策的学习者

近些年的高考录取方式，已经由传统的单一看分数转向以高考成绩为主，其他途径为辅的多元录取方式。这样的录取方式有利于维护高考的公平，又有利于特长生的发展。家长需要认真学习、研究高考政策，为自己的孩子量身打造一套完备的高考升学方案。

如果家长不学习、不了解一些高考招生政策，而是让孩子自己去了解、去学习，势必会占用孩子的学习时间。高考从来都不是孩子一个人的事。孩子专心苦读，课业繁重，没有太多时间关注高考政策。家长一定要替孩子了解一些高考招生政策，减轻孩子的压力，为孩子节省时间。让孩子体会到家长的关爱，让孩子全身心地投入到备考中。

二、做高考所需材料的整理者

不同的高考模式需要学生准备的材料也不一样。艺术特长生需要考级证书、演出证明、演奏视频等，还需要提前了解各高校的艺术考试，提前确定好要报考的高校。参加自主招生的孩子需要学科竞赛证书等。参加综合评价招生的孩子则要好好学习，成绩名列前茅。有的孩子可能会参加不同类型的考试，针对同一种类型的考试，可能会选择几所学校。每年的高考政策都会发生一些变化。家长要及时了解各高校的招生政策以及所需要提供的材料。

建议家长及时关注一些权威媒体发布的高考信息，比如教育部的"阳光高考平台"，山东省教育厅的"山东教育发布"，山东教育电视台的"山东高考一点通"等。这些权威媒体都会及时发布一些高考信息，包括高校的招生简章和政策。同时家长还要及时了解孩子所在学校发送的一些具体通知。根据孩子所在学校的通知要求，提前为孩子做好准备。

有的高三家长会利用自己的年假，帮助孩子准备材料，找班主任、找学校领导签字。

三、做孩子的心理调节者

在高三这一年，家长既要帮助孩子积极备战高考，又要减轻孩子的心理负担和压力。家长要及时掌握孩子的心理情况，注意亲子沟通的方式，做好孩子的心理调节者。当孩子考试失利时，家长要多鼓励孩子，给孩子树立自信心，帮助孩子寻找原因。

四、做孩子的陪伴者

在高三期间，随着高考压力的增加，学习习惯的改变，活动时间的减少，孩子的身体容易发胖，虚弱。家长要做好孩子生活的陪伴者，为孩子准备营养均衡、味道可口的饭菜。督促孩子锻炼身体，比如让孩子走路上学，周末外出散步等。另外，当孩子外出参加考试时，家长要提前订好火车票或飞机票、酒店住宿，安排好饮食；提前为孩子准备好准考证、报名表等。总之，努力做好孩子的后勤服务，让孩子无后顾之忧。

在孩子上高三期间，家长就像孩子的贴身秘书，知晓孩子的生活习惯，把孩子的学习和生活安排得有条不紊。孩子只需要知道在什么时间该做什么事就行。家长要创造一切条件保证孩子的身体健康。在各种类型的考试中，家长给孩子提前准备好材料，孩子只负责上台好好表现即可。

让我们在高三这一年，和孩子共同成长，做孩子坚强的后盾！

一位父亲写给儿子的信

亲爱的儿子：

　　写这封信时，爸爸正坐在飞机上。此时是下午三点，机舱里相对安静。爸爸跟空乘人员确认过，可以使用处在飞行模式下的手机书写，所以我才决定在这个时候给你写一封信。

　　其实在给你写这封信前，爸爸是想把这封信写给你妈妈。因为在这个假期我们两人都很忙，忽略了你妈妈的付出。或者说你妈妈才是那个因为我们忙而更忙的人，因为她在自己的工作之外，还要为我们两人操心！

　　从 7 月 8 号到现在，爸爸几乎天天在外面学习、做报告。你妈妈昨天给你说爸爸是咱们家挣面包的人。这是你妈妈最大的优点，她总是肯定我的任何一点儿付出，并且让我很有成就感。懂得赞赏他人恰恰是你我所欠缺的。

　　以前的爸爸，遇到事情时的第一反应就是为什么你妈妈没有提醒我。出门到中国移动营业厅办卡，我没有带身份证，就会生气，嫌你妈妈为什么没有提醒我。到医院拿药，我忘记带医疗卡，我指责你妈妈为什么没有将我的医疗卡放回原处。有一次我去审车，到了审车点，发现没带行车证，我又开始埋怨你妈妈把行车证放在了家里。那天我到家里取行车证，结果到家门口后又发现没有带钥匙，于是又开车去妈妈单位拿钥匙。在去拿钥匙的路上，我又遭遇了堵车。由于没有按时完成原本计划好的事情，我因此十分懊恼。

　　在这一点上，你与老爸非常像。我们父子俩都有这样的特点，总希望如期完成计划好的事。我们两人的执行力很强，总能比较好地完成自己想要做的事情。比如在这次期末考试中，你如愿拿到了年级第一名。但是我们却忽视了一点：我们两人都缺少调节能力和应变能力。也就是说，当事情的发展超过预期时，我们两人都不能快速地调整自己。

　　看着前面长长的队伍，我越来越烦，越来越恼火。儿子，你了解老爸，一定能猜到当时的情形：当车终于可以拐弯时，我猛的一加油门，想赶快开过去！这时我看到一名警察在录像。我很奇怪。但不等我思考，旁边一名警察就给我打手势让我靠边停车。我很不解，但还是停下车，问警察有什么事。警察说我没有打转向灯，要罚款 100 元，扣 2 分。

其实你是知道的，老爸确实有这种不良习惯，总是忘记打转向灯。习惯把错误归到别人身上的思维，让我首先想到的是警察的错。那天那名警察的态度很好，说："无论在什么情况下，转弯都要打转向灯！"我一时无语，无奈地接受处罚。这时事情又来了，我无法出示行车证。警察看了看我,冲我笑了笑说："按规定，不带行车证还应再罚款，这次就算了，下次注意。"

我的情绪渐渐平静下来。我突然意识到在这个世上能遂我们所愿的事太少了。你想学习时总有人正好不想学习，你想工作时正好有人想休息。

我们能做到的就是不断地调整自己。我们本没有错。只是原来计划好的事情发生了变化，我们还想用计划好的方法去做，这就是我们最大的错了。就像那次，我没有带行车证，改天再审车就是了，哪还有后面一连串的事呢？爸爸最大的问题就是一定要把计划好的事情做完，即使发现情况有变，也要想方设法去完成，而不是暂时舍弃。我不懂得舍弃，不懂得退一步。直到警察出面制止我，那一切才算结束。

那天的事实是，我最终还是审成了车。

所以，儿子，当你遇到一件很不顺的事时，调整完心态后，还是能发现并抓住机会完成这件事。

其实归因的转变，也是一种觉醒啊！人如果在一开始就把错误、不顺的原因指向自身，认为这是自己的事，不关别人的事，是自己没有做好，这个时候就会主动想办法弥补。于是好的改变就会开始发生。但是我们如果一开始就将错误归因于别人，别人又不认为是他自己的错，他也不会发生改变，我们就会更加生气，情况就会变得更糟，甚至最终错失机会。

不知道你有没有意识到，在面对那些突然发生的意外时，我已经在尽可能地改变和努力地改变。

爸爸说了这么多话，其实就是想告诉你，不能拿别人的错误来惩罚自己。在我们执行计划的过程中，外界环境发生了变化，即使这个变化是由别人的过错造成的，我们也不应该生气，否则就是拿别人的错误惩罚自己。

在不确定的未来面前，我们要做好两手准备：接受顺利的情形，也要随时应对不顺利的情形，以便事情进行得不顺利时，我们也不至于手足无措。

全球著名的风险专家迪伦·埃文斯在其《风险思维》一书中提出，风险商的核心是弄清自己对相关信息了解了多少——当你所知甚少时要谨慎；与之相反，当你知道很多的时候要自信。风险商高的人不是因为比别人聪明多少，而是因为他们清楚地知道自己知道多少。

高三，注定要比高二多许多"风险"，会让你遇到更多的不顺利。高三的考试次数要超过高一、高二两年考试次数的总和。参加这么多次的考试，谁又能做到每次都考好呢？

带着风险思维，做好充分的思想准备，接受可能出现的任何突发情况，开始你的高三生活吧！

祝儿子在高三获得成功！

老　爸

2018 年 8 月 28 日

家长努力工作的样子才是孩子学习的榜样

20 世纪 70 年代，美国心理学家班杜拉在大量实验研究的基础上建立了现代社会学习理论，班杜拉认为：人的学习活动主要是通过观察他人在特定情境中的行为，审视他人所接受的强化，把他人的示范作为媒介的一种模仿活动。他认为观察学习者（或模仿者）是否能够经常表现出示范行为，要受到外部强化（他人对示范者行为的评价）、自我强化（学习者本人对自己再现行为的评估）和替代性强化（他人对示范者的评价）三方面的因素影响。

家长就是孩子的示范者。要求孩子努力学习时，家长也要努力工作，给孩子做榜样。高二暑假快结束的时候，我对象就给孩子做了一个很好的示范。

学校下发了一个"万人计划"的评选通知，并推荐我对象参评。按照评选要求，我对象要填写八个方面的内容：基本情况、师德、教学、指导学生、课题、论文、影响、培养青年教师等。准备评选材料，是一件非常复杂的事情。哪些材料需要复印，哪些材料不需要复印，哪些材料归为哪一类，都要提前整理好，之后再扫描，做成 PDF 版，与目录上的页码对应，再把复印材料胶装成册，最后签字盖章。

在准备材料期间，儿子要去北京参加北京大学的优秀中学生夏令营。本来是我对象陪儿子去北京，车票都订好了。但是这个时候，我对象担心评选材料准备得不充分，就让我陪着儿子去北大报到。

我对象通过了青岛市的评选，之后又按照省里的评选要求准备材料。儿子去北京两天了，我们俩人忙得没时间给儿子打一个电话。儿子给我们俩人打电话，问："怎么了？怎么一直打不通电话？"这时我们俩才意识到，手机被设成了静音。儿子第一次一个人出门在外，我们俩人却没有时间关心他，很愧疚，给儿子道歉："忙昏头了。儿子，你在北大挺好吧？"

儿子给我们俩说了他在北大的情况，没有想到，儿子反而叮嘱说："老爸老妈要注意休息呀！"一刹那，我觉得儿子长大了。那几天，儿子在北京经常流鼻血。后来我才知道是因为北京天气太干燥，儿子喝水少，吃水果少。在北京期间，儿子给我发微信说，给我和他爸爸买了礼物，并说本想给他爸爸买个笔筒，觉得太贵就没买。我给儿子回信息说："谢谢儿子！知道给我们送礼物了，说明你心中有我们。知道价格贵，说明懂事了。"

一周的夏令营结束后，儿子自己从北京坐车回家了。我们既担心又欣慰。

最终，我对象通过了省里的评审，又要按照教育部的要求准备最后的评审材料。我们又忙得顾不上儿子。

儿子从学校学习回来后，本想让我对象帮着梳理一下语文，以便应对第二天的考试。我对儿子说："儿子，老爸太累了，你能不能自己复习一下？"没有想到，儿子跑到我对象背后，一边帮我对象捏肩，一边安慰我对象。以前儿子学习累时，我对象也是这样帮儿子捏肩的。没有想到，儿子也开始帮我对象了！然后儿子就自己去复习了。

我给儿子准备了热牛奶和水果，并夸儿子表现得很棒！儿子在吃水果时，拿过我对象的证书看，并说了一句："老爸还是挺厉害的！"

是的，儿子因为知道我们真的忙，也理解我们真的累，所以懂得了感恩，懂得了回报。

为什么一些孩子不愿意跟家长交流呢？为什么一些家长无法引领孩子呢？是因为一些家长不专业，没有让孩子值得敬佩的东西或品质。家长能够指导孩子的前提是家长对该领域的了解要超过孩子的认知。当家长对孩子熟悉的领域一无所知时，家长的干涉或建议只会让孩子嗤之以鼻。

家长也要让孩子知道，家长有自己的工作，并且以认真负责的态度对待工作。让孩子知道家长是努力上进的人。家长通过自己的努力工作潜移默化地影响孩子。让孩子意识到唯有辛勤付出，才会有所收获。没有一个人是随随便便就成功的。孩子在努力学习，家长在努力工作。两个努力的人，才能相互鼓励，成为志同道合的朋友。家长以努力上进的姿态引领孩子学海泛舟，这才是最好的亲子陪伴。

我们的孩子长大了

有一次，儿子背着书包。我因为当时空着手，所以就习惯性地把儿子手中的低音提琴弓子接过来拿着。我觉得这是理所当然的事情。儿子已经背着很重的书包了，而我空着手，拿个弓子也没有什么。没有想到就在送我们出门的时候，张老师说了一句话："小子，你自己拿着弓子，别让你妈妈拿着。"我一惊。原来在我的心目中，儿子还是一个小孩子，但是在别人眼里，儿子已经是一个大人了。儿子的个头已经远远超过了我，而且他马上年满十八岁。在别人的眼中，儿子人高马大，还要妈妈拿着弓子。

这让我想起带儿子在中国海洋大学参加艺术考级时发生的事。当时儿子在外面等着候考，我对象就扶着低音提琴在旁边等。儿子在旁边一边拿着弓子，一边看着乐谱。当时就有一个年轻的工作人员提醒儿子说："你拿着琴，那么大的一个琴，你爸爸拿得动吗？"

张老师是一个五十多岁的老人了，那位工作人员是一个二十多岁的小青年。也就是说无论在年长的人眼里，还是在年轻人的眼里，儿子都已经是成人了。作为家长的我却没有意识到儿子已经是成人了。社会、他人已经把儿子当成人看待。

很多家长总以为孩子还小，承受的东西太多，会觉得孩子很累，于是总想给孩子减压。比如一些家长在与朋友交谈时，可能会说："高三的孩子真不容易啊！"也可能会在孩子面前说："孩子，可以了，别累着自己了！"

但是这些家长忘了一个问题——自己也曾是经历过高三的孩子。当我回顾人生时，我发现，那些让我痛苦、让我付出努力的经历才是我的骄傲所在。其中，在高三努力拼搏的日子就成了我常常提起的事情。当孩子背起重重的行囊准备开始高三之旅时，家长就在路旁给孩子鼓掌加油吧！

孩子考试失利了，怎么办

美国著名心理学家爱德华·李·桑代克曾做过一个实验：他把一只饥饿的猫放到笼子里，笼子里有一个能打开门的脚踏板。当猫踩到脚踏板时，笼门就会开启，猫即可逃出笼子，并能得到笼子外的奖赏——鱼。刚开始，饥饿的猫在笼子里，只是漫无目的地乱撞，后来偶然碰上脚踏板，笼门被打开，它吃到了食物。

接着，桑代克再次把饥饿的猫关在笼子中，如此重复多次。最后，猫一进入笼子就能打开笼门。实验表明，猫的操作水平是相对缓慢地改善的。由此，桑代克得出了一个非常重要的结论：猫的学习是经过多次的试误，由刺激情境与正确反应之间形成的联结所构成的。桑代克据此认为，学习的过程是一种渐进的尝试错误的过程。在这个过程中，无关的、错误的反应逐渐减少，而正确的反应最终形成。根据桑代克的这一理论，人们称他的论述为"试误说"。

随着考试次数的增加，孩子在高三的失误次数会比高一高二时明显增多。这是因为参加考试的次数越多，暴露的问题也就越多。当孩子在高三考试失利时，家长该如何引导孩子呢？

我认为，孩子在高三考试时失利一点儿都不可怕。重要的是家长要帮孩子找到解决考试失利的方法。

进入高三，第一次考试结束以后，儿子上完第二节晚自习就回家了。可以看出来儿子的心情不太好。儿子问他爸爸考试成绩出来了吗。他爸爸说还没有，并问儿子自我感觉怎么样。儿子说语文、英语、物理都考得不好，也不知是怎么了。以前回家后，儿子都是特别开心，特别自信，但是现在他的脸上没有太多笑容，多了一些凝重。

在高二的期末考试中，儿子以超出第二名十几分的成绩夺得了年级第一名！可以说，整个暑假，儿子都是自信满满，快乐学习。即使参加北京大学夏令营时考的成绩不太好，儿子也没有在意。

后来，我分析儿子失利的原因。我发现儿子在假期里没有写日记。以前，儿子再忙也要写日记，但是在这个假期他放弃写日记了。儿子在假期里没有放弃做语文试题。我知道，仅靠做题绝不能提高语文成绩。没有写的习惯，语言表达能力是弱的。

当儿子说考得不好时，我抱了抱儿子，把准备的食物全部端过来，然后就坐在餐桌旁与儿子聊天。

我给儿子如下建议：

"一是常写。常写才能锻炼语言表达能力。就像出去旅行一样，你每天回到宾馆的第一件事就是写游记，把当时最真实的感觉记下来。为什么这样？因为如果你当时不写出来，这种感觉就会消失，等到你再回想时，大脑只剩下一片空白。常写可以提高写作水平，让你克服惰性，养成良好的习惯。

"二是多读经典美文，积累好的词句。所以，我希望你读一读《散文选刊》《读者》《第一时间》《新闻周刊》等杂志。

"事实上，只有你看过这些句子并理解，你才会用。就像你常写的那句话——既然选择了这条路，就没有办法回头了。多用几次，就用活了这句话。同样，如果你每次阅读后都能写一点儿感悟，在写作时你就能得心应手。"

吃着美食，我看到儿子的脸上渐渐有了笑容，感觉儿子又找到了方向，重拾了信心。

孩子就是孩子，在失意的时候，需要和父母多聊一聊。

当孩子考得不好时，家长不仅要安慰与鼓励孩子，还要分析原因，找出问题，提出解决问题的方法，并为孩子找到下一步努力的方向。

李志敏在《办法总比问题多》一书中指出：在现实生活中，问题和办法是一对孪生兄弟，面对问题，超越自我、主动解决是唯一的出路。有道是"办法总比问题多"。自我限制是走向成功的最大障碍。阻止一个人前进的真正对手就是自己。

孩子一时考试失利不见得是坏事，它可以让孩子看到自我的局限，发现自身的真正问题，接受自我的不足，重新调整自我，然后再次取得成功！

在文化课与特长之间寻求平衡

最近一段时间，儿子的文化课成绩相对平稳，他在最近的期中考试中取得了年级第三的好成绩。在学习文化课的同时，儿子也在坚持练习低音提琴。我们打算让孩子通过高水平艺术团招生的途径获得高考加分。选择这条路，就意味着孩子在学习最紧张的高三，要拿出一定的时间来学习低音提琴，以便应对音乐考级，这必然会减少文化课学习的时间。有时候我真的很纠结，总是在想：如果孩子把练琴的时间用在学习文化课上，孩子的学习成绩还能再提高吗？懂一点儿音乐，对孩子来说也是一件终身受益的事情。孩子如果能进大学的艺术团，就会有一群志同道合的朋友，这对孩子各个方面的发展都是有益的。

当孩子决定走哪一条路来考学时，家长应抱着平常心，不能要求孩子在这一方面优秀，在其他方面也不能落下，否则只会把孩子弄得不知所措。孩子选择在高水平艺术团招生这条路上走下去，可能会影响文化课的学习。既然孩子已经选择了高水平艺术团招生这条路，我要做的就是全力支持孩子，帮助孩子在文化课与特长之间寻找平衡。无论在哪一方面努力，最后都会有一个结果。想到这，我的心态也放平了。

儿子照常坚持周一到周五每天练琴一个小时，周六、周日每天练琴两个小时。儿子有时会感觉时间不够用，心生烦躁。我就笑着用能量守恒的原理劝解儿子。同时我建议儿子可以在学完文化课之后再练琴，把练琴当作一种娱乐身心的方式。儿子说，对于我的这个建议，他接受，也理解，但事实上他做不到。随着高水平艺术团招生考试的临近，儿子在学习的时候也会想怎么练那首曲子，容易在哪一个小细节上出现问题等。总之，儿子老是觉得自己不能再像以前那样集中精力学习文化课了，有时就会很烦躁。于是我就说儿子像一个项目经理，要同时做好两个项目。

我建议儿子：首先，明确项目目标，现在所做的每项工作都是为实现终极目标服务的。这样儿子的心里就坦然了，不会再把文化课学习和特长学习这两项任务分开。其次，需要做一个总体目标的阶段性划分，明确目前阶段的重点工作是什么，暂时放一放非重点工作。最后，再把各项工作进行精细化的任务分解，并根据完成情况调整任务目标、进度等。

"这些事情都很考验你这个项目经理的水平噢！"我笑着打趣儿子。

"我愿意试一试！"儿子很兴奋地说。于是儿子就开始了文化课与特长两条腿平衡走路的高三生活。

为孩子做推介手册

学校举办创新教育成果展示，邀请了众多全国知名的大学来观摩，并给整个高三年级的学生做了一个简单的推介手册。此时，有一个朋友让我看她给自家孩子做的推介手册。打开那本手册后，我大吃一惊，没想到朋友这么用心，给孩子做的手册这么精致！朋友把她家孩子在高中时期所做的事情，图文并茂地、分门别类地在手册上展示出来。

于是我决定给孩子做一本手册。我先把孩子在高中三年参加的活动，分门别类地整理好，然后再寻找孩子参加活动时的图片，最后配上文字说明。

整理材料是一件非常麻烦的事情。建议家长在平时就做好孩子的摄影师，为孩子拍摄参加各种活动的照片，并做好整理工作。经过一番努力，最终我给孩子做好了一本推介手册，题目就是《辩理论道写岁月，提琴二胡谱青春》。下面就是这本册子的文字内容，以供大家参考。

辩理论道写岁月，提琴二胡谱青春

我是山东省青岛第二中学（简称青岛二中）2016级数学MT1班的某某。2013年我以优异的自招成绩提前考入青岛第二中学。三年来，我努力学习文化知识，在综合成绩全校排名第二的前提下，积极参与学校的各项活动。我热爱辩论与写作，在辩论赛与写作大赛中，辩理论道，书写岁月沧桑。我热爱艺术，参加了民乐团，任低声部部长，考过了二胡、低音提琴十级。三年间，我用二胡、低音提琴谱写青春年华。

一、服务班级，服务社会

我先后担任班级学习委员、纪律委员，高三时担任班长一职。我积极主动地分担班主任的工作，认认真真地组织班级的各项活动。积极参加各种公益活动，先后与同学一起成立了中山义工青岛二中社团，多次赴台东街道、青岛火车北站、青岛五四广场做公益志愿者活动，获得广泛好评。

二、综合成绩全校排名第二

我热爱学习，综合成绩全校排名第二，有幸被学校推荐参加北京大学的优秀中学生夏令营。多次参加清华大学中学生标准学术能力测试，成绩名列前茅。我喜欢把学到的知识用在自己的生活中，解决实际问题，先后有多项发明获得国家实用新型专利。

三、宏辞论道，辩论场上屡获佳绩

2013年，我有幸作为志愿者跟随青岛二中辩论队赴马来西亚参加第六届国际华语中学生辩论赛，那一次青岛二中辩论队获得了有史以来的最好成绩——季军。也就是在这次比赛中，我对辩论有了更深的理解：辩论就是明辨是非，探求真理，并用言语来传播自己的思想。2016年考入青岛二中后，我就加入了辩论队，并担任校辩论队主力。近三年来，我参加过多场辩论活动，获得"最佳辩手"等荣誉称号。在与世界各地的华人中学生进行辩论交流的过程中，我收获了队友与辩友的友谊，也提升了自己的思想境界，开阔了自己的视野。

四、职业体验，完成法律课题

因为辩论，我开始研究法律，先后阅读了《西窗法雨》《论法的精神》等书籍，并参加了青岛二中与青岛市中级人民法院联合开展的法律课题研究。在青岛市中级人民法院少年庭进行职业体验的十几天中，我跟随法官先后调解过两件因网络游戏引发的校园伤害案。于是我开始关注网络游戏的法律建设问题。职业体验结束以后，我与三个同伴一起确定了我们的研究课题《基于预防青少年网络游戏犯罪的法律建设的研究》，通过立项、调研、中期课题答辩、后期调整，最终形成了近两万字的结题报告，并顺利结题。

五、读书行路，在作文大赛中展少年风采

小时候跟着父母外出旅游时，我就喜欢把看到的东西写下来，并且逐渐养成了写作的习惯。我去过徐州的云龙山放鹤亭，到重庆、九寨沟观山水，到洛阳、开封寻找中原文化，到云南大理、丽江体验古城意蕴，到西递、宏村品江南小桥流水，到北京、上海、深圳看都市繁华。

我喜欢读《明朝那些事儿》《其实我们一直活在春秋战国》《如果这是宋史》《大元王朝》《汉朝那些事儿》《赫逊河畔谈中国历史》。上高中以后，我开始把自己的所见所思写成文字。2016年国庆，我去朝鲜旅游，写成了近两万字的游记。2017年暑假，我去非洲肯尼亚，边走边写，写成五万多字的游记，并将其发表在携程网上。并以旅行的经历为基础，在"第四届北大培文杯全国青少年创意写作大赛"中获得全国一等奖的好成绩。

六、热爱艺术，享受体育锻炼

我热爱艺术。在上小学六年级时，我就通过了二胡十级考试。之后，我开始学习低音提琴，通过了上海音乐学院的十级考试。在学校里我参加了青岛二中的民乐团，并任民乐团低声部部长，积极参加团里的排练活动。同时，我积极参加体育活动，努力锻炼身体，经常游泳，时常陪父母打羽毛球、乒乓球，也经常爬山，等等。

如何为孩子准备推荐信

想要申请一些好的高中、大学，甚至好一点的夏令营或者冬令营，推荐信是必备的。一些家长和孩子都为推荐信伤脑筋。在这里，我给大家说三点建议：

一、选择推荐人

首先，根据孩子所报学校、所报专业初步确定推荐人的范围。如果孩子想报法学专业，那么最好找法学相关的人员。其次，要考虑推荐人的社会地位。最好的推荐人是孩子所报高校专业的教授，因为他们的推荐信比较权威。还可以选择相关专业的社会知名人士。如果孩子报考的专业是法学，建议家长联系自己熟悉的法官、律师、辩论界知名人士等。同种类型的推荐人可以按年龄大小排列。在其他条件相同的情况下，优先选择年龄大一些的推荐人。

二、写推荐信

在这里我主要讲一下书写工具和书写纸张。最好用黑色签字笔手写，因为用黑色签字笔写下的文字不能被更改，保证了推荐信内容的真实性。其次，用手写表明推荐人对所推荐人的重视。如果专家无法手写，只能用打印稿，也最好麻烦他在打印稿上附一个电子签名。再次，如果推荐人尚在单位工作，最好用带有单位题头的稿纸手写或打印，这样会显得推荐信比较正式。最后，将推荐信上传网站时，一般都要求填写推荐人的联系电话、通信地址，并且会以短信的方式提醒推荐人上传推荐信，所以一定要请推荐人随时保持电话畅通。也有的家长会把推荐人的联系电话填写成自己的，收到提示后自己上传推荐信。

三、推荐信的格式

大学之所以需要推荐信，是因为想从更多层面了解学生的背景，包括学生的成长环境、学业表现、思想品德、专业认知、发展规划、特长与潜质等。大家可以参照北京邮电大学自主招生申请报告的要求来写推荐信。

当然，不同的学校，不同的推荐人，不同的推荐目的，对以上三点的需求可能会有所不同。比如当孩子申请香港大学时，我老公给孩子写了一封推荐信，他从一位父亲的角度来介绍孩子的成长经历与成长环境，让学校了解孩子的特长及潜质，从而让学校相信，孩子的所有特长与潜质是相对恒定的、稳定的。

附件（一）

北京邮电大学 2019 年自主招生申请报告撰写要求

1. 自主招生申请报告是考生报考北京邮电大学自主招生的必备材料之一，考生本人须从表格所列六个方面进行自我审视和深入分析，完成申请报告。

2. 申请报告中考生撰写总字数要求在 3000 字以内，且须不少于 2000 字。每项表格长度可根据实际内容适当调整。

3. 申请报告中考生所有获得的奖项、参与的活动（包括社会实践）均须与报名系统中相应模块填写的内容及提交的证明材料保持一致。

4. 考生完成自主招生申请报告后须在报名系统中的"志愿管理－附加材料"模块上传，必须以 word 文档格式上传。

5. 申请报告须严格按照上述要求完成，否则视为报告无效。

附件（二）

北京邮电大学 2019 年自主招生申请报告

（申请人：　　　，身份证号：　　　）

项目	报告内容
个人陈述	包含个人简介、家庭背景、人生观、价值观、个性特点、兴趣爱好等方面，向我们充分展现你所具备的综合素质，尤其是你认为自己所具备的某些特殊专长或品质
学业表现	包含你的教育经历、各学科能力及成绩表现
思想品德与社会实践	包含你在思想品德方面的奖惩情况，在高中期间参加的校内活动及担任的职务，以及参与校内活动、社会工作、实践活动、公益项目等的个人收获和体会
专业认知	包含你对我校以及所报自主招生专业（类）的认知情况，并给出你选择报考该专业（类）的理由
发展规划	阐述你如被所报自主招生专业（类）录取后的个人未来发展规划，并提出你在该领域的未来理想和发展目标
学科特长和创新潜质	通过对具体实例（你的报名材料中所提供的学科竞赛获奖、科技创新成果等）的详细说明，全面论述你在参与各类竞赛、创新实践过程中的认知、感悟或体会，展示你在该学科领域的创新意识、独特见解或者新颖观点

如何应对新高考英语听力

从 2020 年开始，山东高考英语听力考试安排在每年的 1 月 8 号上午，考生有两次听力考试机会，两次听力考试时间间隔 30 分钟，考试时间为 9:00 开始，11:00 前结束，取其中一次的最高听力成绩计入高考总分。也就是说，6 月 8 号的高考英语，就不再进行听力考试，只进行笔试部分，之后笔试成绩加上 1 月 8 号的英语听力考试成绩，就成了孩子的高考英语成绩。

面对这种类型的英语听力考试，考生需要做好以下几点工作：

第一，考生要做好晨读的时间安排，合理分配语文晨读和英语听力练习的时间。为了提高考生的英语听力成绩，一些学校会在高三开始增加英语听力练习时间。在高考英语听力考试之前，考生可以在晨读时多练习一下英语听力。

第二，考生要做好考试前的准备，少喝水，不携带水杯。在听力考试期间，绝不允许考生去厕所。只有在休息时间可以去一次。因为个别考生出入考场会影响其他同学。在听力考试之前，考生少喝水。另外，不允许考生携带水杯进考场，就连监考老师的水杯都要被放在考场外面。

第三，重视考试时间。近几年高考，考生要连续安检两次。考生进学校校门时要刷脸验明身份，进考场时还要检查证件，非常耗费时间。还应注意开考前 15 分钟，考生就不允许再进考场了。因此考生一定要有提前量，尽量提前几十分钟到达考点。

第四，注意检查答题卡。连续考两次高考英语听力，意味着考生会有两张答题卡。为了防止出现错误，只允许监考老师考一次听力，发一次答题卡，不允许一起发两张答题卡，这样就基本避免了两张答题卡混淆的情况。即便如此，考生依然要认真检查一下答题卡。如何检查呢？每一张答题卡上都会明确标明"第一次""第二次"的字样。考生只要认真检查答题卡，一般就不会出现问题。

第五点，利用好中间的休息时间。两次高考英语听力考试间隔 30 分钟。监考老师利用这段时间整理、检查、验收试卷。在这段时间内，考生不允许说话。确需上厕所的极个别考生，需要举手报告，并且由流动监考教师带着去上厕所。即便是休息时间，考场内依然安静有序。考生可以利用这段时间，好好地休息，调整一下紧绷的神经，比如可以做几次深呼吸等，以饱满的精神状态，迎接第二次高考英语听力考试。

参加北京大学冬令营

2019 年 1 月 19 日，儿子开始了为期两天的北京大学冬令营。

这次的北京大学冬令营和夏令营相比，时间比较短，只安排了两天时间，而且这两天时间全部被用来考试，考试科目为语文、数学、外语和物理化学综合。每科考试时间都是三个小时，时间比较长，难度也比较大。

我和老公两个人一起陪孩子去北京。

报到的当天晚上，儿子陪我们俩一起参观了北京大学（简称北大）的校园。因为儿子参加过北大的夏令营，所以对北大校园比较熟悉。带领我们参观北大校园的时候，儿子的语气中充满了自豪。可以看出儿子对北大充满了无限的向往。北大是儿子心中的一个结。

之后儿子就在宾馆里准备即将到来的考试。其实，北大冬令营的考试没有办法准备，因为北京大学的历次考试，无论是夏令营、冬令营、自主招生、高水平艺术团招生，从来都没有一个固定的模式。《创知路》这本书只是给孩子提供了以前考的试题样式，很多题目都是根据考生的回忆所编，有的题目不一定完整。

晚上睡觉的时候，隔壁的房间有点吵闹，不得已我去敲了隔壁房间的门，告诉他，我家孩子明天要考试，希望他安静一点儿。隔壁房间的人非常善解人意，很快就安静下来了。儿子在这种安静的环境中很快就进入了梦乡。

早上，我们在学校附近吃了早点，之后陪儿子进入考场。儿子进入考场时非常自信。那种自信的背影让我们觉得一切付出都是值得的。

从考场出来之后，儿子自我感觉良好。语文考的大多数题目是文言文，考到了韩非子的《说难》。《说难》是一篇标准的文言政论文。北大考的这些内容在高中文言文阅读训练中是不涉及的。高中的文言文基本上是人物传记，或者叙事性的。议论性的文言文阅读难度一定超过了叙事性文言文的阅读难度。庆幸的是，儿子在《创知路》上做过一定的练习，甚至做过《天工开物》的文言文阅读训练。

数学题依然是竞赛的难度。儿子感觉这次的数学成绩要比上次的有所提高。综合科目只考物理化学，试题难度也非常近似于竞赛题的难度。所幸，在来北大冬令营之前，儿子与参加清华大学冬令营的同学一起学习过竞赛试题。

春节之后，冬令营的考试成绩出来了。儿子的冬令营考试成绩比夏令营的成绩高，但是儿子的名字依然没有进入优秀营员名单，这意味着儿子又没有拿到优秀营员的资格，也就意味着儿子无法凭借文化课综合成绩进入北京大学的"博雅计划"了。儿子希望通过文化课成绩，或者通过文化课综合实力比拼进入北京大学的路子基本上结束了。再想进入北大，只有两种可能，一种是依靠纯高考成绩进入全省前 50 名，第二种是通过高水平艺术团招生进入北大的降分录取行列。

当我知道这个消息的时候，我真的不知道该怎样告诉儿子。那个时候儿子还正在为北京大学这个目标而努力拼搏。儿子考完北京大学的高水平艺术团时，感觉考得还不错。我才找了一个恰当的机会把冬令营的成绩告诉儿子。

如何准备香港大学的面试

2018 年 12 月 28 日，儿子收到了香港大学发来的面试时间、地点一览表。我们选择在家门口面试：2019 年 1 月 19 日，青岛大学金家岭校区。这个校区就在二中对面，离我家很近，简直太方便了。但是，2019 年 1 月 9 日，儿子收到了北大冬令营的通知，冬令营的时间是 2019 年 1 月 19 日—20 日。不得已，我们赶快和香港大学取得联系，申请延迟面试。香港大学方面很快回复：可以。这样我们就把香港大学的面试时间定在了 2019 年 1 月 26 日—27 日，武汉。

附：2019 年香港大学面试时间、地点一览表：

城市	面试时间
北京	2019 年 1 月 19 日—20 日或 2019 年 1 月 26 日—27 日
重庆	2019 年 1 月 19 日—20 日或 2019 年 1 月 26 日—27 日
哈尔滨	2019 年 1 月 12 日—13 日
青岛	2019 年 1 月 19 日—20 日
上海	2019 年 1 月 19 日—20 日或 2019 年 1 月 26 日—27 日
武汉	2019 年 1 月 26 日—27 日
香港	2019 年 2 月 11 日

12 月 28 日，当得知香港大学的初审通过时，我就为孩子寻找专门针对香港大学面试培训的结构。听别人说青岛有这样的培训班，但是培训班的时间相对比较长，孩子拿不出那么多的时间参加培训班。

因为青岛二中的袁老师曾经带着四个学生实地参加过香港大学的面试，所以我就请袁老师简单介绍了一下她所见到的整个流程，以及当年面试的话题。最终我在网上选择了杭州的优朗教育。优朗教育的培训有线上的课程，也有线下的课程。当时我想：儿子上线下的培训班一定会更有效果，但是要跑到杭州去上课，儿子的时间不允许。一开始我对线上的课程有些犹豫，但是一天之后，想报的班级就满员了。我最终抱着豁出去的态度，给孩子报了一个网上的虚拟学习班。所谓虚拟学习班，是指培训机构的老师们把全国各地报考香港大学的学生按每六个人一组的方式，分为无数个虚拟小班，每个班级会有一名老师在线组织香港大学面试式的讨论，并对他们进行点评。

优朗试听课程是有关考生自我介绍的，他们有一套固定的自我介绍方法，TSC介绍法：Topic sentence + supporting materials + closing sentence。

"T"是"topic"，是指在自我介绍时首先要用一个主题句来对自己进行总体地描述，在进行概括时要注意词汇的选择。比如：Please use three words to describe yourself（请用三个词语来介绍自己）。这时要思考一下用什么样的词汇更好，一般我们首先想到的就是"kind（友好的）,outgoing（外向的）,nice（好心的）"诸如此类的词汇。如果我们换成"optimistic（乐观的）,persistent（执着的）,determined（坚定的）"是不是就会收到不同的效果？是不是瞬间让我们的自我介绍与众不同了？是不是让人觉得我们的词汇量很丰富？

"S"是"supporting materials"，是指在主题句之后，要提供具体的事例材料来支撑、证明你刚才的描述。

"C"是"closing sentence"，是指在细节陈述之后要有一个结束语，要做一个简单的总结和归纳。

在试听完课程之后，孩子感觉比较有效果，我就为孩子报了优朗教育的网课。整个课程共8个小时，每天4小时，在线进行，利用周六、周日两天的时间完成。整个课程内容包括自我介绍、小组讨论、面试模拟三部分。学校会提前几天与学生联系，下载视频软件，进行在线视频的测试。儿子所在小组的同学分别来自河南、福建、浙江，总体上感觉还可以，因为能进入香港大学初审的同学成绩都很优秀，只是个别同学不善于表达。讨论的话题基本上是当年的时政热点，比如中美贸易战、老龄化等问题。事实证明，香港大学面试时讨论的话题基本上是当年的热点话题。

经过两天的网上培训之后，又让中国海洋大学负责自主招生面试的一位教授对孩子进行了指导。我们把几名报考香港大学的同学组织在一起，仿照香港大学面试的方式，进行了几场模拟面试。中国海洋大学的教授对孩子的评价非常高，这也在无意中提升了孩子的自信心。之后，孩子在香港大学的面试中表现优异。

香港大学在武汉的面试地点是华中师范大学。

整整一个楼层全部是考场。考生凭借通知单与身份证报到，报到完之后就可以进入一间专门的等待室，家长被安排在另外一间专门的等待室，不允许进入考场。工作人员会按照之前申请的面试时间点，将六~九个学生分为一组进行面试。我们当时进去的时候是9点，而申请面试的时间是11点，时间还早，本想再出来等一会儿。儿子说想进等待室感受一下氛围。碰巧9:30那一场有一个同学没有按时到位，工作人员就问儿子愿不愿意参加这一场，儿子欣然同意，于是就跟着这一场的考生进入了面试准备室。

孩子们进去之后，每人会拿到一张A4纸，上面有一篇英文文章，文章的内容和正式面试的内容有关。文章后面附着几道题，但不是要求考生回答问题，而是要考生根据问题梳理文章思路，尽快掌握文章要点。大约20分钟之后，老师将考生带到面试室。

面试室是单独的一间教室，所有窗户都是封闭的，门窗玻璃上都被贴了纸，但是前门的玻璃上纸贴得不是很严实，露出了一点点缝隙，所以家长们就从这个缝隙往里面看。我也好奇，过去看了看。里面有两位考官，并排坐在前面，6个孩子按照之前的编号，从1到6，以半圆形围坐在考官前面。面试开始后，其中一个考官会给孩子们一个题目，然后就让他们展开讨论。一个考官偶尔也会加入讨论，但是另一个考官始终不说话，他更像是在旁边观察孩子们。讨论结束后，两个考官都会给每个孩子打分。

儿子那天面试的话题是："如何看待性别歧视？"因为之前参加过辩论赛，所以在准备室看到话题时，儿子就界定了这个话题讨论的大致范围：性别歧视产生的历史根源、性别歧视的危害、如何解决性别歧视。儿子为此梳理出一个简要的思路。儿子如果能够第一个发言，就可以按照这个思路去引导大家讨论，他就能在无意中起到一个小组长的作用。到了面试室，当考官抛出这个话题时，儿子果真第一个发言，他先抛出三个问题：Why is there sex discrimination?What damage can sex discrimination do?What can we do to settle sex discrimination?（为什么会有性别歧视？性别歧视有哪些危害？我们该如何解决性别歧视？）请大家谈谈自己的看法吧！其他同学很自然地就按照这个思路展开讨论了。

在大家就这个话题都发表了自己的看法之后，儿子最后再接住这个话题进行了一个简单的总结。就像打辩论的四辩一样，首先对大家刚才的发言进行简单的梳理，把相同的内容合并在一起，把不同的内容分成类别，之后再提出自己的看法。这样就起到了一个总结、提升的作用，让他们这一场的讨论有了成果。

后来香港大学给了儿子 20 分的优惠。可以说这是当年香港大学优惠力度较大的分数了。我将此次面试过程分享出来，以供大家参考。

如何度过高三寒假

儿子参加完北京大学的冬令营和香港大学的面试之后，就正式开始了高三上学期的寒假。之前儿子征求我的意见，说他今年不想回老家过年了。儿子从出生到现在，还是第一次提出不回老家过年。儿子解释说这一次的情况太特殊了，他是高三的学生，马上就要高考了，希望我能够允许他不回老家。

我理解孩子的心情，同意了孩子的意见。同时我建议孩子提前给爷爷奶奶、姥姥姥爷说清楚，四个老人都非常想他，但是也都理解。因为儿子不回去，我也没有办法回老家过年，于是我就计划在大年初二，我和老公两个人回老家陪陪老人，让孩子自己待在青岛。这样我们一家三口就第一次在青岛过春节了。

对于这样的安排，儿子非常高兴，也非常期待。儿子以前都是回老家过年，老家天气比较冷，也没有暖气，每次吃完年夜饭后，就早早地躺在被窝里看电视，还没看完央视春晚就基本上睡着了。每次听同学们说如何在青岛过年，儿子都充满了好奇与期待。终于可以在青岛过年了，儿子很高兴。我们一家人准备好好地过一个年。

儿子每天按照自己的计划开始学习，基本上是按照高考的模式，上午学习语文和综合，下午学习数学与英语，晚上继续复习。儿子的假期目标是完成所有作业，再把高三上半学期的学习内容复习一遍，以充分的准备应对开学后的高三"一模"。

年三十那天上午，儿子正常学习。我和老公开始为年夜饭做准备。为儿子准备了他爱喝的可乐与果汁，并且准备了八个菜。下午4点，我们一家人开始一起包水饺。到了晚上，我给儿子说："过年了，无论如何你都应该休息一下，今天晚上你就好好地'颓废'一个晚上（玩游戏）。"一家人坐在一起，开始第一次在青岛吃年夜饭。

我和老公举杯祝儿子高三顺利，并祝福儿子高考成功！央视春晚开始后，我和老公就开始观看，儿子在旁边玩手机游戏。儿子上高三以后，就卸载了手机上的《王者荣耀》。我提前为儿子在我的手机上安装了《王者荣耀》，以供儿子玩。

大年初二那天，我们给儿子准备好吃的、喝的，让他自己在家学习，自己做饭吃。然后我和老公回了一趟老家，看望双方父母。大年初四那天，儿子坚持回学校上自习，他认为在学校里学习效果更好。

初四下午，我从老家回来后，儿子给我讲了一件事。儿子上午刚进教学楼时，就看见他的一个同学正在教室里专心致志地学习，他很惊讶地说："你怎么来得这么早？"因为儿子认为自己在大年初四就来学校学习，已经很不简单了，没有想到有比他还积极的人。但是让儿子没有想到的是，这个同学说："你不知道吧？大年三十晚上八点，当我在学校里学了一天，准备回家的时候，在教学楼三楼的人文教室里，另一个同学还在学习。也就是说那个同学都没有回家吃年夜饭，一直在教室里学习！"这个同学的话让儿子大为震惊。儿子突然意识到自己本以为在这个假期，已经把时间抓得非常紧了，甚至都没有回老家看望爷爷奶奶、姥姥姥爷，却没有想到还有比自己更努力的人。

三个月后的高考证明：大年三十晚上八点钟，那个还在教室里学习的小女孩考上了北大，那个在学校里学了一天的同学考上了香港科技大学。

在这个世界上，有些人之所以能够实现自己的理想，是因为他们的付出都是常人所不能及的。没有人能够随随便便成功，这绝不是一句空话。无论是在学业上，还是在工作上，只要你吃了别人吃不了的苦，自然会收获别人羡慕的一切。

高水平艺术团招生考试

正式开学后，各个高校的高水平艺术团招生考试就开始了。

2月21日，清华大学的高水平艺术团招生考试正式开始。因为清华大学的高水平艺术团招生考试没有像北京大学那样要求提前寄送材料，所以比北京大学多了一场初试，也就是说，考生可以在21号直接到清华大学现场报名，之后参加考试。

因为之前通过了北京大学高水平艺术团招生初审，复试安排在2月22日，所以我们就决定21号先去参加清华大学的考试。如果通过了清华大学的初试，在清华大学、北京大学复试时间冲突的情况下，选择参加清华大学的复试（录取优惠政策为清华大学在生源省份本科一批次同科类最终模拟投档线下60分以内）；如果时间不冲突，最好参加两个学校的复试。因此，我们选择住在北京大学东门与清华大学之间的宾馆。

清华大学的高水平艺术团招生考试按照乐器的类别进行分组，考低音提琴的人不多，大约有16人。考扬琴、琵琶、二胡等乐器的人较多。可见家长在给孩子选择乐器特长时，尽可能选择冷门一点儿的乐器，这样孩子的竞争压力就会小一些。但是即使只有16个人考低音提琴，儿子也感觉很有压力，因为有水平非常高的考生。这就说明在高校高水平艺术团招生考试中，特别是北京大学、清华大学这样的高校，往往会有一些专业艺术生参加，比如想考中央音乐学院的学生，可能会拿清华大学试试手，一是提高自己的应试经验，二是清华大学的高水平艺术团招生给的优惠分数多，这为专业水平特别高的学生考入清华大学提供了可能。

考完清华大学初试后的晚上，我们还特别纠结，因为北京大学和清华大学的文化课考试时间完全一致。如果孩子通过了清华大学的初试，我们就不知道该参加哪所大学的文化课考试。

晚上 12 点，我们收到了清华大学的短信通知，孩子没有通过初试。

有点遗憾，但也有点开心，孩子更加珍惜北京大学的机会，开始专心准备第二天的复试。

这里简单提一下北京大学高水平艺术团招生的文化课考试，考语数外三科，300 分，300 个选择题。儿子说："这次的题目难度比冬令营的题目难度小很多。"但是听一些考生说考试难度超过平时，对于一些考试内容，他们没有在高中学过。儿子说那是因为他们没有学过竞赛内容，也就是说试题中依然有一些竞赛难度的题目。后来文化课成绩出来后，儿子考了 246 分。

北京大学的艺术项目测试采用全程录像、异地评审的方式。在艺术项目测试的现场，没有评委老师，只有摄像师全程录像，之后对录像进行异地评审，这样做就尽可能做到了客观、公正。这一点与清华大学不同。清华大学的艺术项目测试采用拉帘打分的方式。也就是考生与评委之间拉着帘子，评委老师看不见考生，工作人员只报考生考号，考生不能说任何话，评委老师根据考生现场演奏的情况打分。

北京大学还要求现场视奏，也就是现场给考生一首陌生的曲子，考生看四分钟，之后现场演奏一分钟。根据儿子与其他人的反映，视奏比较难。

在这里，提醒家长和孩子注意以下几点：

一、视奏小提示

无论视奏多么难，即使明知拉错了音，也不能停下来重新开始。因为在真实的乐团演出中，出现个别错音是完全正常的，但是你要停下来重新开始，就会扰乱整个乐团的演奏。因此，不要因为个别错误而担心，甚至停下来，只管往下进行就是了。

二、乐器的选择

孩子学的是低音提琴，这种乐器比较大（当然有更大的，比如竖琴，需要专门用货车拉）。去北京考试时，我们面临两种选择：去北京租乐器或带着自己的乐器。到北京租乐器特别方便，但孩子不熟悉陌生的乐器。名牌乐器的租赁价格也比较贵。低音提琴太大，自己携带又不方便。最后经过多方打听，我们了解到乘客可以带低音提琴坐高铁。幸运的是，我们买到了车厢内 1 号座的位置，因为 1 号座后面会有一个相对较大的空间，可以把低音提琴放在那个空间里面，然后用一根绳子把它固定在座位上。

从北京回来时，我们没有买到 1 号座，但是因为带着这么大的低音提琴，站台工作人员让我们提前上车。所以，我们提前 5 分钟上车，坐在了 1 号座上，等该位置上的乘客过来后，我们跟他商量可不可以互换一下位置。人家一看我们带着那么大的乐器，就同意了，最终完美解决了乐器运输的问题。

三、提前适应

如果孩子想考的是清华大学或者北京大学的高水平艺术团，那么，可以让孩子提前参加其他大学的高水平艺术团招生考试，增加考试经验，提升应考的自信心。

四、做好准备

各高校的高水平艺术团招生考试的要求不太一样，有的要求现场演奏一首曲子，有的还要求视奏。所以考生要提前做好准备。

五、高水平艺术团的签约

如果孩子通过了高校的高水平艺术团招生考试，高校会在招生网或者教育部阳光高考平台上公示，之后一般会有一个签约仪式。有的学校采用现场签约的方式，有的学校采用邮寄合同签约的方式。北京航空航天大学（北航）采用现场签约的方式，他们要求家长或者孩子本人亲自去签约。如果孩子不去签约，家长要带一份孩子亲笔签名的委托书，证明家长和孩子的关系，然后家长代表孩子去签约。签约的时候，北航高水平艺术团的负责人或招生组老师都会在现场。高水平艺术团的负责人会向家长或孩子说清楚高水平艺术团成员享受的权利，以及必须要尽到的义务。权利包括孩子可以任选专业（除了不能选择一个最好的专业之外，可以任选其他专业）。义务是孩子必须按时参加高校的高水平艺术团的演出和训练。另外，北航还要求家长及时反馈孩子重要考试的成绩，包括"一模""二模"的成绩。

北京大学采用邮寄合同签约的方式。合同一式三份，北京大学招生组留一份，高水平艺术团学员留一份，北京大学艺术学院留一份，由孩子及家长签字、孩子所在高中盖章之后再寄回北京大学招生办公室。

无论考生通过了几所高校的高水平艺术团考试，高考成绩出来后，考生只能根据自己的高考成绩选择其中一所学校，因为高水平艺术团招生在山东省属于自主招生批次。在自主招生批次，考生只能报考一所学校。

通过中国政法大学自主招生考试初审

2019 年 4 月 22 日上午，我刚到办公室，就收到了"山东一考通"微信公众号发的一条消息：中国政法大学的自主招生初审名单公布了！

我赶紧打开手机，进入中国政法大学的网站去查寻，儿子的名字出现在初审通过名单中。

中国政法大学的自主招生简章公布得较早。中国政法大学的自主招生有两个特点：一是中国政法大学只允许考生报考一所自主招生学校，也就是说只要报考了中国政法大学的自主招生，就不能报考其他高校的自主招生；二是中国政法大学不要求考生提供五大学科竞赛成绩。2019 年高校自主招生政策收紧，许多高校几乎一致要求考生提供五大学科竞赛成绩。但是全国每年总共能有多少学生参加学科竞赛并获奖啊？许多优秀的学生因为没有参加学科竞赛，就没有资格参加高校的自主招生。

儿子因为已经通过高水平艺术团招生报考了北大与北航，所以就比较坦然地报考了中国政法大学的自主招生。当然，儿子报考中国政法大学，还有两个原因：

第一个原因是儿子喜欢辩论，并因此喜欢法律。中国政法大学的法律专业在 2017 年教育部学科评估中，法律专业 A+，是最高级别，也就是说中国政法大学的法律专业是全国知名的。中国政法大学一直是儿子向往的高校之一。

第二个原因是中国政法大学比较青睐辩论经验丰富的考生。在这一点上，儿子比较占优势。

2016 年从青岛二中毕业的一位同学，当时参加了中国政法大学的自主招生考试，以优秀的辩论成绩通过了初审，后来在面试中又取得了面试第一名的好成绩。进入中国政法大学后，这位同学在上大二时就进入了校辩论队，后来发展得很好。

从青岛二中毕业的另一位同学，也是辩论队的，考入中国政法大学后，上大一时就进入了学生会，主办了首届国际大学生华语辩论公开赛，反响非常好。

根据往年经验，在得知儿子通过了中国政法大学的自主招生初审后，我就登录了中国政法大学的官网，网站首页有中国政法大学校长给同学们推荐的必读书目。这些书目包括《中国哲学简史》（冯友兰）、亚当·斯密的《国富论》、卢梭的《社会契约论》等一些和法律相关的书籍。这些书中的知识有可能会在自主招生面试中用到。于是我第一时间从网上买下这些书，打算让孩子重点阅读一下。

2019年3月21日，南方科技大学来儿子的学校宣讲，出于家长的担心，我给儿子报了南方科技大学的综合招生，同时给他申报了中国科学院大学的综合招生，儿子顺利通过这两所学校的初审。另外，儿子获得了香港中文大学（深圳）的博文奖学金。

到此为止，儿子报考的学校就形成了一个合理的梯队：一级目标，儿子的高考成绩670分左右，加上20分优惠后，可以报考北京大学、香港大学；二级目标，儿子的高考成绩650分左右，加上20分，可以报考中国科学院大学、北京航空航天大学；三级目标，儿子的高考成绩630分左右，加上20分，可以报考中国政法大学；四级目标，儿子的高考成绩610分左右，可以报考南方科技大学、香港中文大学（深圳）。

四个目标梯队，给了儿子充足的保障。

2020年自主招生考试被取消，换成了"强基计划"，但材料的准备与上传工作与自主招生考试相同。

为正确答案找理由，为错误答案找错误

2019年5月6日，高三"二模"考试。

"二模"考试的第一场是语文。晚上回到家，儿子说语文考得很不好，错了四五道选择题。然后儿子又说数学考得很好，如果没有问题的话，数学应该会得满分。

儿子给老公说："老爸，我给你说一下语文考试的情况，您听了后可别生气，我就是想找出问题所在。为什么我会出现这么多的错误？"之后，儿子就与我老公讨论那几道做错的选择题。可以明显地看出来，儿子虽然知道了正确答案，但是并不服气，对着正确答案一再挑错。我老公觉得儿子的思维很奇怪，又没有办法说服儿子，于是就忍不住想发火。

但是，我老公后来一想，这一定是儿子考场上的真实想法、真实处境：两个选项，都有点错误，儿子又怎知哪一个选项错得更明显？这种情况在高考考场上也一定会出现。面对这种情况时，孩子该如何抉择呢？

在英语和语文的试题中，很容易出现这种情况：四个选项，孩子能很快排除掉两个选项。对于余下的两个选项，如果孩子认为都有错误，他就会反复比较、掂量，而反复比较、掂量的结果就是选错答案。这种情况会在高三后期变得越来越严重。因为孩子越细心，越易发现选项的不足之处。有时候出题人可能并没有考虑得那么仔细，或者没有发现这些细微的问题。

如何解决这种似是而非的问题呢？我也在苦苦思索。

在"二模"考试结束之后的第一个星期天，儿子又做了一套《金考卷》的语文试题，结果同样的问题又出现了，非连续性文本阅读的三道题，做错了两道。儿子的思维还是那个样子：认为自己选的就是对的，对正确答案表示怀疑。一个愿意怀疑答案的人是难能可贵的。但是，答案是正确的，你还在怀疑，并且找不到自己怀疑的原因是可怕的，也是难受的。儿子就感到难受，因为他也想纠正自己的想法，又不允许自己思考得那么浅、那么简单。当一个孩子就是弄不明白自己的问题时，家长可以让孩子用语言来描述一下。

巴甫洛夫认为：语言在人脑反映外部现实的神经生理机制中，担负着第二信号系统的职能。思维以抽象的形式间接地、概括地反映外部现实，而语言则是抽象思维活动的必要条件。语言的基本组成单位是词。词是在对客观事物抽象概括的基础上形成的。没有词（言语），间接的、概括的、抽象的思维活动就不能正常进行。头脑中的思维活动是凭借简化的内部言语进行的。电子计算机在模拟人类思维的过程中，也离不开相应的人工语言符号系统。人工语言在现代科学思维中起着愈来愈重要的作用。语言是思维得以实现的工具，是思维存在的形式。

当孩子有了问题却又找不出问题的症结时，父母可以让孩子试着用语言来表达自己的问题，以及如何解决这个问题。

儿子说，他在比较一个选项与原文的语义是否相同的时候，他关注的只是这个选项与原文中对应句子的意思。但是在比较的时候，儿子又产生了用语法故意分割原句意思的问题。这样儿子就进入了一个逻辑的陷阱：即使选项的意思与原文一个意思，他也会读出不一样的意思。面对重要的考试，儿子越重视，他就越想一个字、一个字地精读。越是一个字、一个字地精读，读断句子、读错语意的这种问题就越严重。

当问题被儿子描述出来后，我就放心了。因为这类问题，在其他人身上也常常发生，并不是儿子一个人独有。

之前我的一位学生也出现过这种情况，她是学文科的，但是总喜欢用理科的思维来思考文科综合的问题，表现为：她总喜欢问为什么选这个答案。而对于一些文科综合的题，老师是讲不清为什么的。所以文科综合的老师常常会这样讲："很明显,这个题的答案是 A。""一看这个题就选 A。"这个女生就想弄明白：答案明显在何处。为什么一看就选 A？她为什么就看不出来？但是文综老师也说不清、道不明，就是一种做题的直觉。

于是有的文综老师断言，这个女生如果再这样学下去，可能就学不通文综了。

这个女生也十分苦恼，甚至在我面前哭了起来。

后来我让这个女生描述一下她自己的问题，可以具体一些，说一说她自己是怎样想的，答案是怎样解释的。当她描述完自己的困惑之后，我就建议她换一个角度，为正确答案多找找理由，为错误答案多找找错误。因为她原来总是为正确答案找错误，为错误答案找理由。

后来这个女生就开始按照我说的去做。经过一个多月的时间，高三"一模"，她考了文科年级第一，最终考上了复旦大学。

可见，面对孩子自己都说不清的问题时，家长不要着急，可以让孩子自己描述一下，只要孩子描述出来了，问题就会显出来了。孩子总是习惯性地为自己的错误答案找理由，挑正确答案的各种错误。也就是说在这些孩子心里，他们还是不能接受自己的错误。当孩子改变心态，勇敢地接受自己的错误，多为正确答案寻找正确的理由，多为错误答案寻找错误的原因，做题的直觉就会越来越准确。

了解了儿子的问题之后，我就开始给儿子提建议了。

第一，当遇到这种情况的时候，一定要读选项，将选项和原文的那一句话做对比的时候，一定不要只读原文中的那一句话，要读原文那一句话所在的一整段文字，了解那一句话在具体的语境之下的意思。之后再来判断那句话是否和选项意思相同，而不是像原来那样一个字、一个字地去读。只有这样，儿子才有可能解除自己的困境。

第二，可以让自己先放下这道题，继续做下面的题目，之后再回过头来做。用时间的间隔把已经读碎的语感重新拼接成一个整体，从而获得一种与原意最接近的感觉。

第三，当发现自己选的不对时，第一反应就应是"我想错了"，要多想一想正确答案的道理所在，多找找自己错选的原因所在。在接受正确选项的前提下，再去读选项与原文，而不是以不接受的态度为自己的错误寻找理由。

儿子点了点头，他说愿意试一试。于是儿子又找了两篇论述类阅读来做，他感觉还不错。

后来，儿子的高考语文和英语的阅读理解都做得很好。

每一次失误，都是在为高考"攒人品"

"二模"考试第二天的中午，孩子的班主任程老师给我打电话说："孩子好像有一道理科综合的大题没做。"

一道 15 分的大题啊！我当时一愣。怎么会有一道大题没做呢？这样的错误怎么就会出现在孩子身上呢？关键是孩子知道后，他会是什么心情？会不会影响下午的英语考试？

因为孩子没有带手机，所以我无法联系他，也无法安慰他。于是我就详细地问程老师什么情况。程老师说，中午的时候她找几个班干部布置高三毕业照的事，几个班干部就在她面前聊起理综考试的事情，这时孩子才发现自己有一道大题没做。

我看看时间，这个时候已经是下午 1:10 了，儿子已经离开了班主任的办公室。下午 3 点还有考试，儿子需要好好休息。没有时间再找找儿子谈心了。再者即使找到儿子，我又能怎么说呢？

于是我就一直安慰自己：这次的失误算是为孩子的高考"攒人品"啦！

在这次"二模"考试中，孩子出现这么大的失误，一定会影响他下午英语考试的心情。希望孩子能及时调整过来，也希望这是对孩子心理调节能力的一次考验吧！因为谁知道在高考时孩子又会遇到什么情况呢？你总不能因为一科考得不理想，出现大失误，就放弃后面科目的考试吧！

从这个意义上来说，高考不仅考察孩子的知识水平，还考察孩子的意志以及心理调节能力。希望这样的失误，能为孩子提供避免失误的经验。于是我尽力安慰自己，静静地等待孩子回家。

晚上，儿子回来后，告诉我，说他确实漏掉了一道大题。原因是在理综考试时，儿子习惯分科做，先做化学、生物，然后再做物理。做得特别顺利，结果儿子一高兴就把一道物理大题漏掉了。

这是儿子对自己这次失误原因的描述，也是分析。我问儿子："以后怎么办？如果在高考时出现这种情况怎么办？"

儿子说，在高考时一定不会再出现这种失误了。如果在高考时再出现这种失误，那么他也太没记性了。

可以看出，儿子已经从失误中吸取了教训。对于这种重大的失误，儿子相信自己不会再出现。

我还是不放心，建议儿子，在正式开考前 10 分钟，还没有发试卷时，一定要看一看答题卡最下面，那里有答题卡共几页的提示（第 X 页，共 Y 页）。之后直接翻到最后一页看看。这样做就不会漏掉题了。

当然，还有另一种方式，监考老师一定会在黑板上板书"答题卡共几页"的字样，这时候，可以看一看最后一页，是不是与老师所写的相符。

事实上，这类的事件在高考中时有发生。在高考时，儿子考完数学后，比较高兴，因为他估了一下分数，差不多 142 分。但是后来儿子冒出来一句非常吓人的话，他说不确定是否涂了数学答题卡。

说者无意，听者有心。如果儿子没有涂答题卡，那就要失去 40 分啊！就是因为儿子在无意间说的一句话，我的心一直悬着，直到高考成绩公布。

接下来，我问儿子考英语时是否受到影响？儿子说有点儿受影响。但儿子又说其实英语比较难，也算没有什么影响，自己也努力自我调节了。

儿子笑着说，进入高三以来，成绩真是高一次、低一次，在这次"二模"考试中，自己把所有不应该出现的问题全都出现了。这一次"二模"考试的不顺利，也许预示着高考的胜利吧！儿子这样劝慰自己，颇有点儿自我解嘲的味道！这不正是我想看到的吗？

我也不再担心孩子，打趣说："你今天所有的失误，都是在为高考'攒人品'！"

"二模"考试之前，需要安排毕业照的事。儿子是班长，需要管的事情比较多，他需要统计每个同学的出生年月、邮箱、联系电话、家庭住址等，甚至还要写一段励志的文字，加在自己的班级相册里面。儿子就有点着急。我笑着说："你这是在'攒人品'。"然后我给儿子想办法，告诉他可以具体列一下，看看要完成哪几项任务，可不可以让出国的同学完成一些任务。准备出国留学的孩子在这个时候已经基本确定了录取大学，没有什么事可干了。他们可以借这个机会为班级做些事。要学会在忙的时候合理安排事情，同时给别人一些机会。

儿子就和那几个出国的同学联系，他们都很乐意帮忙。

"二模"结束之后拍毕业照的时候，儿子高高兴兴地组织大家穿校服、学士服，排队形，然后照各种各样的合影，和老师合影，和同学们合影。在这期间，儿子楼上楼下地跑。

儿子的那副样子，是精神饱满的样子，是"攒人品"的样子！

在几个同学的帮助下，拍毕业照的任务完成得很好，儿子非常高兴。

考前静悟，孩子需要注意些什么

考前静悟，就是在高考前十几天的时间，学校把所有的课都停下来，让孩子们自己梳理一下所学的内容。

如果说十二年的求学，就是为了高考，那么高考也算是"台上一分钟，台下十年功了"。在高考来临前，每个高三学生既充满了期待，又颇有些紧张，这是大战来临之前最让人按捺不住的时刻，总想跃跃欲试，又总担心自己没有做好。学校为学生们安排了十天的考前静悟，就是希望学生们在大战来临之前，在浮躁不安、按捺不住的时候，静下心来，视角向内，注重反思，悟出问题，悟出方法，悟出规律。

家长要特意提醒孩子在静悟期间的注意事项。

2019 年 5 月 22 日上午，儿子所在的班里开了一场静悟前的动员会，学校领导、老师、家长、出国的同学也都表达了自己的祝福。

儿子作为学习代表和大家一起分享了自己的静悟计划。我整理成如下文字：

第一，要把静悟作为一个整体，把任务也作为一个整体。要安排好静悟期间的时间，计划完成哪些任务，之后再把具体任务落实到每天的各个时间段。

第二，按照高考时间合理分配学科静悟内容。按高考时间分配学科静悟内容，把自己大脑的兴奋时间安排在上午 9:00—11:30，以及下午的 3:00—5:00。而且要将这个时间段作为一个整体，不要因为喝水、上厕所、问问题等把时间割裂开。上午安排语文与理综的复习，下午安排数学与英语的复习，以便与高考时间一致，保证到什么时间，什么学科的思维就保持兴奋的状态。

第三，做好问老师问题的安排。在静悟期间，学生的问题会特别多，老师又不能就共性的问题给全体学生讲一讲，于是就会出现多位学生问老师同一个问题的情况。在这个时候，老师的时间就特别紧张，也就意味着找老师问问题特别难。所以，最好先将问题在线提交给老师。老师答复最好，没有答复的话就再等一等，看自己能否解决，将实在不能解决的问题积攒一下，一起问老师。

第四，**要做好相关内容的落实与复习**。每天晚上对照一下静悟计划，看自己的完成情况，并适当调整自己的静悟计划。

班主任对静悟工作的几点要求，也可供家长参考：

第一，严格纪律。纪律是静心的保障。要严格按照静悟的时间安排学习、休息、静悟。具体来说就是每天早晨 07：10 开始晨读，然后 7：30—10：00 是第一个时间段；10：20—12：00 是第二个时间段。10：00，休息 20 分钟之后一直进教室学习到 12 点。在这期间，要求大家尽量不要外出，用 20 分钟的时间做好一切准备，不要随随便便在教室里走动，以免影响大家。下午学习时间段的划分为：1：40—2：40，3：00—5：00。晚自习 6：00 到教室，按上课时间安排。在上晚自习之前，一定抽出半小时做运动。

第二，做好自己的静悟计划。各科老师都已经给大家提前安排了计划。每个人可以针对自己的情况，再做好一个适合自己的计划。每天在完成的静悟计划前打一个对勾，奖励一下自己。如果当天没有完成静悟计划，第二天要加油！

第三，提高效率。这个效率不是指每天看了多少内容，也不是做了多少道题，而是发现了多少问题，掌握了多少内容。记住，在静悟期间，最大的效率是能发现最多的问题！

第四，调整好作息时间。这个时间重点是晚上。建议每天早点到校。在静悟期间，学校会单人单桌，一个班可能会分为两个教室，教室里面非常安静。可以早来，但是晚上 10：30 准时睡觉，最迟不要超过晚上 11 点。

第五，调整心态，"攒人品"。你不让阳光占有，阴霾就会笼罩。你不种庄稼，地就会长草。要让好的心态每天占有自己，每天对老师、对同学、对家长、对自己微笑一下，说一声"加油！"。对自己说："我今天一定行！我今天的收获很大！"这样你就会变成一个小太阳，身边的人会因为你而更灿烂！

史铁生在《我与地坛》中曾经说过：一个人既然出生了，就不再是一个可以辩论的问题，而是一个事实。同样，一个人选择了高考，这也不再是一个可以回避的问题，而是一个事实。既然高考必然要来临，又可以被我们把握，并且如此让人期待，那么就让我们把高考当作一场盛大的成人礼，一个难忘的节日来期待吧！相信经过十二年的准备，考场上的两天，一定是我们人生中精彩的两天！

静水流深，落棋有声

在静悟期间，各科老师都会准备许多静悟材料，每个学生也都有大量的错题需要复习。于是，在静悟开始前，很多学生就会定下一个很大的计划。之后，学生们就发现，对于每一道曾经做错的题，可能都需要深思，因为错题是学生们曾经的不足。想要弥补不足，就需要重新做题，重新思考。在这个重新做题与思考的过程中，学生们一定会有新发现，于是就想把新发现记下来，然后就会发现所用的时间远远超过了计划的时间。这时第一个矛盾就出现了。高考之前的复习，是以质量为主，还是以数量为主？

当然是以质量为主！学校一般会给高三的学生安排三轮复习，每一轮复习都会有每一轮复习的重点。

第一轮复习的重点是课本知识。这个时候的复习重点是复习整个高中所学知识，并且把知识系统化、结构化，也就是说这个时候学生要把每一个知识点都复习到位，落实到位，全面、扎实地掌握知识。如果知识掌握得不扎实，就会影响能力的形成。有一位同学，在高一、高二时理化生三科是他的强项，每次考试他都能在年级排名前十。但是这位同学进入高三之后，理化生三科成绩急剧下滑，老是会犯很多低级的错误。一问这位同学才知道原因。这位同学从来不记理科的公式与定理，他都是在考场上临时推理。当然他的解题能力很好，就是不屑于记忆公式，而高一、高二时的成绩优秀又误导了他。等到上了高三，随着计算量的加大，试卷容量的加大，这位同学的问题就出现了。因此，在高三第一轮复习时，要注重掌握基础知识。

第二轮复习的重点是专题复习。所谓专题，实际上就是针对每一种高考试题类型的出题方法、解题规律、命题趋势进行专项研究。这个时候的复习强调的是同一类型题目的基本解题思路，同时又要求注意同一种题型的变化形式。要形成解题能力，提高解题速度，就必须要有一定的做题量。因此，在高三第二轮复习时，要以做题的数量为主。

第三轮复习的重点就是最后的综合复习。综合复习的具体表现就是做成套的试题。学生通过练习大量成套的试题，提高定时、定量完成试卷的应试能力。

高三的三轮复习各有侧重，学生要紧跟老师的教学节奏。

三轮复习之后的静悟是考试之前最后的沉静。有渡河经验的人，在涉水之前，会习惯性地抓起一块石头投入水中以估计水深。水花溅得越高，河水的深度就越浅。相反，那溅不起多大水花、听不见多大水声的地方必定深不可测。这个时候高三的孩子需要静下心来找问题，不能眉毛胡子一把抓。在静悟期间，一定不以完成试题数量为主，而是以发现问题、解决问题、提高学习质量为主。发现问题，要深入思考，思考完后可以再找一些相似的问题进行强化训练。

在静悟期间，还有一个重要的问题要提醒孩子：一定要动笔落实，强调落棋必有声。

在静悟期间，发现问题，解决问题。深思一定会降低应试的速度。因为速度强调手感，强调机械训练，不经大脑。就像打乒乓球一样，对方的球过来了，按照人的机体原理，眼睛将看到的内容变为视觉信息，之后上传给大脑，大脑做出判断之后，再把信息转发给手臂，手臂再根据信息转化为动作，将球击打过去。但是，专业的运动员就不是这样，长期的训练会让他们看到球过来，就会下意识地做出一个相应的动作，这叫"球感"。同样高考试题也一样，训练多了，孩子也会不经大脑深思，很快就能判断出如何解题，这就是"题感"。

我发现，思考的深度与做题的速度有时是不成正比的，特别是在高三后期，更是如此。因此，在静悟期间，就要特意提醒孩子，勤于动手，落实在卷面上，形成解题步骤与方法。这样就能达到发现问题、解决问题的目的。

临近高考，家长如何调整孩子的情绪

临近高考，一些孩子会出现各种各样的心理问题，比如在静悟期间静不下心来，晚上睡不好觉，情绪非常坏，经常莫名其妙地哭，甚至放声大哭。

家长该如何面对孩子的情绪波动呢？我的建议是：调整，但不要改变。

临近高考，一些孩子不容许自己出现一丝丝错误，变得非常敏感，压力过大。家长要理解孩子，理解之后，不要做大的改变，让孩子在熟悉的环境中，自我调整，因为最后上考场的人是孩子自己，任何人都不可能陪孩子上考场。

当然，家长依然可以为孩子做一些工作。

第一，做孩子坚实的后盾。无论孩子在这个时候出现了什么问题，家长都要做孩子坚实的后盾。孩子在面对老师与同学时，知道隐藏自己的情绪。只有在面对家长时，一些孩子才是真实的，也能表现负面的情绪。家长要学会包容孩子。

第二，给孩子积极的暗示。比如在孩子早上出门前，家长说一句"你今天穿的这件衣服真好看，特别显瘦（孩子稍胖）"，这就是给孩子的积极暗示，能让孩子一天都有好心情。

第三，肯定孩子的努力。肯定孩子的努力，并且暗示他现在考得不好，是在为高考"攒人品"。事实上，要庆幸孩子在考试中发现了自己的不足，而不是考的全都是孩子会的。要让孩子相信自己前期的准备是有效的，是有收获的。要让孩子相信自己的能力绝对没有变差，焦虑只是太想考好的表现。孩子已经非常努力了，但是考试成绩不理想，这并不代表孩子没有进步。

对孩子付出的努力进行肯定，可以让孩子有被尊重和承认的感觉。让孩子更加看重自己努力的过程，学会坚持不懈。同时，也让孩子接受自己的局限，放平心态，接受高考的挑战。

如何看高考考场

按照高考规定，6 月 6 号下午考生才可以去看高考考场，但不允许考生进教学楼，更不允许考生进考场，所以 6 号这天去看考场是没有什么作用的。

为此，我建议家长可以在 6 月 5 号那天去看考场。因为这个时候孩子的准考证已经发下来了，孩子在哪个考点、哪个考场都是清楚的。而且这个时候，各个考点的考场安排也都已经确定下来了。

如果孩子就在本校考，那么提前看考场是完全可以实现的。孩子只需要提前一天到考场所在的教室里熟悉一下环境就可以了，找一找自己的位置，想象一下考试的情形。

在这里我可以告诉家长一点常识，那就是考场的位次安排。考场的位次是由教育部统一安排，各省具体实施。每个考场安排 30 个考生，四排竖排，靠门口的两排是每排 7 位考生，靠窗的两排是每排 8 位考生，1 号考生会坐在靠近门口的座位上，之后按 S 形排列，到最后，30 号考生会在靠窗那一排的最前面。按照这个规律，家长就能很容易地确定孩子的位次。

如果孩子不在本校高考，家长可能要稍微费一点儿周折。家长可以通过熟悉的人，提前了解一下考场。因为我的孩子不在自己本校考试，所以我就拜托一个朋友，帮忙看一下考场所在的位置。朋友说孩子的考场在四楼最边上，紧靠着洗手间与茶水间。

本来我还担心考场离洗手间太近，人员出入洗手间会影响孩子。没有想到考场离洗手间近成了孩子心理上的一个积极暗示。儿子听了考场的位置之后，当时就很高兴地叫了一声"耶"，还高兴地挥了一下拳头。说实在的，自从知道儿子不在本校考试，我就担心儿子那敏感的神经是否能承受起任何坏消息。为此我先给儿子做了许多铺垫，比如高考就要有高考的样子，高考就要有高考的气氛，陌生的环境会激发人的潜能，等等。之后我打听到孩子的好朋友也和孩子在同一考点。孩子的情绪没有受太大的影响。考前，家长要用合理的解释积极地引导孩子。

儿子的座位号是 16 号，最前面，这真不是一个好地方，因为在这个地方考生往往会受到监考教师的影响。但是没有想到，儿子竟然很高兴地说，这样就不受其他同学的影响了，可以专心地考试。当然如果孩子坐在教室后面，我就会说教室后面多安静啊，适合听英语听力，不远不近。如果孩子坐在教室中间，我就说坐在中间最好，不受监考教师影响。家长只要有心，就一定能给孩子找出一大堆好的理由来，给孩子积极的心理暗示。

高考前一天，保障好孩子的考前状态与睡眠质量

6月6号，是高考前的最后一天。这一天，我要完成两个目标：第一个目标是让孩子保持适度紧张的状态，让孩子按高考时间回学校学习；第二个目标就是保证孩子晚上正常睡觉。

天气预报说有雨。早上特意让儿子多睡了一会儿。等儿子起床后，我带他去附近的德克士吃早餐。吃完早餐，已经是8点多了，正是早高峰上班的时间点，又是下雨天。本想打个出租车送儿子去学校，结果一直打不上，根本就没有人接单。不得已，我打了一辆专车。

上车后，那位女司机一听我们要去二中，就问我是不是老师。我说是老师。那位女司机就打开了话匣子。她问我：她的女儿上小学三年级，不喜欢数学，怎么办？孩子想让她陪，但是她没有时间，怎么办？一路上她都在说孩子的问题。我就听她讲，偶尔给她一点儿建议。我理解那位女司机的心情，但不深入了解，也不便于给她多提供一些建议。

到学校后，儿子计划做一套完整的语文试题。在407教室里，只有两个同学在学习，隔壁教室里有3个同学在安静地学习。外面正在下大雨，刮大风，教室里却异常地安静。我从窗外看了孩子两次，孩子都在投入地做题。我心里感叹，优秀的孩子之所以优秀，是因为他们身上一定有别人没有的品质。一个人坐在偌大的教室里，旁若无人，不受影响，专注投入，就是一种优秀的品质。

儿子在教室里学习，我就在书吧里看书。10:30，儿子跑过来找我，问我他发不发热，我与他对了对额头，没有感到他发热。我宽慰儿子，说他很健康。儿子说总是担心发热，担心身体不行。儿子太想考好了，他无数次流露出这样的期待，总是说如果考上北大，他就会怎样怎样。儿子正是因为如此想考上北大，所以他对自己的作息、对自己的身体做了严格要求。从"一模"到现在，儿子一天都没有休息过，每天坚持自己背书包，走过一段路，以便锻炼身体。儿子每周五打一

次羽毛球，几乎从未间断。

到中午时，儿子说想睡一会儿，下午继续在这里学习。我让儿子披一件衣服，小心着凉。之后我就回家给儿子准备6月9号在烟台举行的中国科学院大学的综合招生面试材料。中国科学院综合招生面试要求考生带着所有报名材料的原件与两份复印件。所以我就把所有材料复印了两份。

终于到了晚上，保证儿子安稳地睡下，就是我要完成的第二个目标。

为了这一天的第二个目标，我做了许多的工作。

首先在几天前我就以玩笑的口气给儿子说以前的考生出现的各种状况，比如一个考生直到凌晨1点都没睡着，也没有影响第一科的语文成绩。儿子也给我们说了他老师说的话："高考前一天晚上，99%的人会比平时睡得差一点儿，因为明天就要高考了，几乎所有考生都会因为情绪的波动影响睡眠，所以不要怕睡不着。当然，如果你睡着了，生物老师一定要好好地研究你。你是不是有什么特异之处？"于是我就笑着说："那我们就不做特异之人了吧！"

晚饭后，儿子说困了，想睡一会儿。我一看时间还早，这个时候可以让儿子小睡一会儿。于是我就决定出去给儿子买考试用的东西，最后给儿子买了一个小包的湿巾、小包的抽纸、一块橡皮、一个口杯。等我回家后，儿子睡醒了，说楼上来人了，让我去拜访一下。

高考前几天才知道儿子不在本校考试。考虑到交通问题，我就想在考点附近找一家宾馆住，但是考点附近只有一家宾馆，且靠着高架路，我怕噪声影响孩子休息。正好一位同事说他在考点对面有房子，正好空着，我们可以在那里住。我们去看了一下同事的房子，步行只需要几分钟就能到考点，而且小区特别安静，真是求之不得。为了更好地适应环境，我们6月5号晚上就搬到同事的房子里住了。

晚上9点钟，看见楼上的邻居没有亮灯，我们在心中暗自庆幸，楼上也许没有人居住，简直太好了。我们很早就睡下了，但是没有想到10点的时候，楼上的邻居家开始有声音了，搬桌子的声音，走动的声音，还有小孩子的声音。儿子就建议我去拜访一下邻居，给邻居说一下家有高考的考生，希望邻居晚上10点之后和中午12点30分之后能够保持安静。

我还特意买了一个红色的便利贴，把我要说的话写在了便利贴上，贴在邻居家的门上。下午、晚上我分别去了一次，看见依然贴在门上的便利贴。我就给儿子说，估计楼上真的没有人。昨天的声音，也许是从隔壁邻居家传过来的。

晚上儿子继续学习，把成语、小说等内容复习了一遍，21:00 准备睡觉。因为担心隔壁邻居再发出声音，我提出让儿子在客厅睡，客厅离隔壁邻居家远一些。一切都安稳了，儿子很快就要睡着了。结果 21:20，儿子爬起来说有蚊子。

我的天！昨天下了一天的雨，估计小区草丛里生了不少蚊子。昨天我又开窗通风，估计进来不少蚊子。这可怎么办？我赶紧说我出去买灭蚊灯。好在楼下超市里就有。我买了两个电子灭蚊灯和一瓶六神花露水。之后儿子提出再回小房间睡。我往儿子的房间放了一个灭蚊灯，又喷了花露水。我则回到大房间睡。

回到大房间之后，我担心孩子睡不好，所以一直没敢睡。而且我的学生们明天也要参加高考。作为老师，我还要担心学生们。我通过微信给自己班里的每一个学生发送加油与祝福的信息，希望他们能够旗开得胜、连战连捷！

只有亲身经历了，我才能更深地体会家长和学生的心情。我就一直关注着微信，最后一位同学直到 22:50 才回微信。一个同学说自己还在抄作文的素材，问我这样抄写作文素材有没有用。我说一定有用，绝对有用！到了这个时候，学生再问老师自己的准备有没有用，那么老师一定回答：有用的。因为到了这个时候，学生们做的任何努力都是值得肯定的。

到了 23:30，微信群安静了！我一直在听着儿子屋里的动静。很好，从 21:30 开始入睡到现在 23:30，近两个小时，儿子都没有起床。在正常情况下，如果儿子没睡着的话，他早就起来上厕所了。可以断定：儿子睡着了！这样我就放心了！

高考第一天

6月7号，阴历的端午节，2019年高考第一天。

早晨5点，我就起来了。但是儿子还在睡觉，说明他昨天休息得很好。

这几天人们都在说，今年高考遇到端午，意味着高考必"粽"。所以我决定出去给孩子买个粽子，讨个吉利。买回来粽子之后，我一看包装上写着5月10号的生产日期。感觉这个粽子的时间太长了，我不敢保证粽子的质量。没办法，我又给孩子做了一碗简简单单的炝锅面，并给孩子说，现在不是注重味道的时候，而要确保食品的安全。

7:40，儿子吃完了早饭，想再看20分钟的书。于是我就给儿子关上门，帮他再检查一遍考场用品，2B铅笔、橡皮、三角尺、小手帕、身份证、准考证、黑色签字笔、透明的水杯。为此，我特意给孩子准备了一个透明的文具袋，以便把这些东西一起装进去，这样就不会遗漏什么东西了。之前我给孩子买了一个写着"高考必胜"的幸运猫玩偶，被我用红丝线系在了水杯的把手上。

在高考动员会时，我给我们班的每一个同学都买了一只"小红鸡"，谐音是"小吉利"，可以戴在头上或别在衣服上。没有想到高考那天，有许多同学戴着"小红鸡"进了考场。有一个男孩戴着"小红鸡"进考场时，还特意解释说这是老师送的，代表"吉利"。

这就说明，在高考前，老师和家长送的任何代表幸运的小礼物可能都会成为孩子的一种积极的心理暗示。我给儿子买的那只"幸运猫"，被儿子一直带到了北大。

8:10，我们准时出发。8:20左右到达考点。我们到考点门口的时候，大部分考生已经进去了。老师们都站在校门口，整整齐齐地排成一排。儿子拥抱了几位老师。我还开玩笑说，多抱几下，多沾沾老师们的喜气。然后我为老师们与孩子照了一张合影，之后儿子进考场。此时正好是8:30，离第一场考试还有半个小时。愿一切顺利！

等孩子们进考场之后，送考的家长们也逐渐散去，热闹的考场门前顿时冷清了下来。因为住的地方离考点近，我决定先去市场买菜，然后回去准备午饭，中午再过来接孩子。

11:25，还有5分钟结束考试，送考老师们及家长们又早早地在考场外候着，迎接孩子们。11:30，考试结束的铃声响起，考生们陆陆续续地走出来，脸上洋溢着笑容。儿子出来时也很高兴，他把自己的作文简单地给我和老公叙述了一下，让我和老公判断他写的作文如何。简单地提了一个小不足，给了整体很好的评价，估分在48~52。其实现在想来，儿子可能没有达到这个分数。从专业老师的角度给儿子估个不错的分数，就是对儿子最大的肯定。

之后我们就回家吃饭，边吃边聊。儿子聊得很开心，情绪不错。吃过饭后，我们就让儿子去睡上一觉，因为下午的考试时间是3点，完全有时间睡午觉。儿子说不想改变自己的习惯，于是就边看书边趴在桌子上睡觉。

在这里，提醒家长们一点，最好让孩子按原有的方式午休。如果孩子平时就趴在课桌上休息，现在也可以让孩子趴着睡，因为这样能让孩子很快就睡着。如果孩子没有午睡的习惯，家长又想让孩子高考时午休，那么最好提前一周让孩子培养午睡的习惯。如果没有培养好午睡的习惯，也就是说高考那两天孩子没有午休，家长也无须紧张，因为孩子平时就不睡，不会影响考试发挥。

下午1:40左右，儿子醒了。我问儿子为什么不多睡一会儿。儿子说想再看一看下午的数学，因为不想空着脑子上考场，更不能没有数学"题感"就去上考场。我觉得儿子的安排特别好。于是我就让儿子在屋里学习。儿子看了看他过去的错题本，又做了两三道数学题，他说这样做可以让自己的大脑进入数学思维状态，也可以练一练做题的速度。

下午2:20，我们收拾好东西，开始去考场。学了将近40分钟的数学后，儿子感觉很好，到校后照旧与自己的老师们一一拥抱，然后就进了考场。

数学考试结束后，儿子给我说数学题有点儿难，不可能得150分了，最后一道题的第三问没有做出来，估不出多少分。儿子就想问其他同学的考试情况。儿子的这个习惯其实不是太好。

过红绿灯路口时，有一个女学生一直在哭，她妈妈就陪着她不说话，看样子这个女生考得不理想。所以我就劝儿子："你没考好数学，大家也都没考好。"不要总把自己不好的一面与假想中别人好的一面进行比较。而且更重要的是，在参加大型考试时，能坚持考下来就是胜利。"

晚上，2019年的高考数学题就上了网络热搜，这说明它确实有点儿难。这些信息对孩子来说非常有用，可以平复一下孩子的心情，提升孩子的自信心。

晚上，我陪儿子在小区里转了一圈，大概20分钟的样子。儿子活动了几下颈椎，就开始学习，他要把第二天上午要考的理综复习一下，同时他还想做几道理综题目。时间到了晚上9:30，我提醒儿子睡觉。

高考第一天，就这么顺利地结束了。

在高考期间，如何应对考生的突发情况

一位家长特意找到我，说他家孩子考数学时没有填写准考证号（考号），一直在家哭，无论家长怎么劝，都不听，直到很晚才睡。于是我特意找到这个学生，问他具体情况。这个学生还有点不好意思地说自己真的漏填了考号。

我笑着给他说："你怎样确定？"他说他记得很清楚就是没有写。因为当时我手中正好带着考试守则，于是我就让他看监考教师要求，在那上面清清楚楚地写着监考教师的职责之一就是检查考生是否填涂考号。在考务手册上也写着考务员的职责之一，就是检查考生是否填写考号。也就是说整个考试流程都在确保考生填写考号，考生完全可以放心。

其实在高考第一天晚上睡觉之前，儿子的一句话也把我吓了一跳，他突然说自己不确定是否填涂了答题卡。监考教师按照规定应在考试快结束时提醒考生尽快填答题卡。监考教师尽到了提醒的责任。如果儿子那一会儿正专注于做题，可能就会忘记涂答题卡。

因此，对儿子是否涂了答题卡的问题，我一直悬着心，直到高考成绩公布，儿子的数学考了142分，我才算彻底放心了。而从反馈的情况看，那位担心没填写准考证号的同学也没有任何问题，而且还超常发挥，考取了北京师范大学。

考生的很多担心都是出于紧张产生的一种无意识，因为无意识，一些考生就记不清楚，越记不清楚，就越担心。事实上，高考的流程设计得非常严谨，很多常见的问题，都会被严谨的高考流程消灭在萌芽状态。

比如对于考生带水污损试卷的问题，监考老师会要求考生把水杯统一放在桌子下面，不许放在课桌上。

比如对于书写时不小心污损答题卡的问题，监考老师会多次提醒考生在书写时不要污损答题卡。

比如对于考试时间控制不好的问题，在考试结束前15分钟会有专人用哨声提醒考生，同时监考老师也会口头提醒考生。

比如考生身体不舒服，考场上有医生和必备药品。

比如考生忘记带准考证，允许考生先进考场考试，然后通过带队老师联系家长在考试结束前送来。

家长可以学习一下考试手册和考务手册。当年的考务手册不许外传。家长可以找一本上一年的考务手册看一看。一旦孩子发生了任何突发情况，家长不至于担心，更不至于让孩子莫名地害怕，影响孩子的自信心。

在这里，我要特意提醒家长们一点：在考英语之前，一定让孩子再听一会儿听力。不同的学校，播音设施可能有所不同。有的同学会紧张到听不到声音，大多数是因为在考前没有再听一遍英语听力。如果家长开车送孩子参加考试，也可以在车上放英语歌曲，既让孩子放松了神经，又强化了听力！

2020 年起山东高考发生变化，高考英语听力考试在每年的 1 月份举行，英语的笔试时间变成了下午 15:00 到 16:40，只有 100 分钟的时间。6 月 8 号上午原本考理综、文综，新高考取消了理综、文综考试。为了和全国高考保持时间上的统一，6 月 8 号上午山东的考生没有安排考试科目。考完语文、数学之后，考生还有一上午的时间，调整自己的情绪，从容应对下午的英语考试。家长也可以利用这段时间做孩子的思想工作，让孩子调整好心情。

6 月 9 号考物理、政治和化学，6 月 10 号考历史、生物和地理，上午 8:00—9:30 是第 1 场，11:00—12:30 是第 2 场，15:30—17:00 是第 3 场。在这里，我要提醒家长注意两个事项。

第一个注意事项是时间。选择政治和生物的考生，考试时间是上午 11:00—12:30。这个时间点室外较热，开考等待的时间较长，建议考生不要在室外空等。

第二个注意事项还是时间。因为是选科，每个同学所选科目不同，都有不同于别人的考试时间安排。如果考生选考物理、政治和化学，那么在 6 月 9 号那天就要考三科，这也意味着在 9 号就结束了高考。如果考生选考历史、生物、地理，6 月 9 号那一天都没有考试安排，而 6 月 10 号就要连考三科。所以，6 月 9 号、10 号这两天家长们一定要注意孩子们所选高考科目的时间，同时要统筹安排好孩子学习和休息的时间。新高考不再像以前那样集中两天全部考完，考试时间变为 4 天。在这 4 天当中孩子断断续续地考试，所受心理折磨的时间比较长。所以，家长们一定要做好孩子们的心理疏导工作。在这个时候，能坚持下来的考生就是胜利者！

中国科学院大学综合评价招生考试

2019 年 6 月 10 号、11 号是儿子参加中国科学院大学综合评价招生面试的日子。

中国科学院大学 2019 年只招收 300 个学生。孩子考上该大学之后都是熊猫级别的宝贝，由博士或院士来当班主任。

6 月 9 号早上我们简单地吃了一点早餐，之后儿子就去二中参加英语口语考试。英语口语考试很快就结束了。事实上儿子的英语口语水平确实还可以。儿子的高考英语考了 138 分。

然后，我们开车去烟台参加中国科学院大学的综合评价招生面试。

中国科学院大学山东面试点设在中国科学院烟台海岸带研究所。考生在 6 月 9 号报到，报到当天，选择自己面试与体育测试的时间。不知是不是因为中国科学院大学综合评价招生考试的事，中国科学院烟台海岸带研究所周边的宾馆全部都被订满了。我们决定开车去找一家离面试地点稍远一点儿，住宿条件相对好，价格合理的宾馆。烟台离青岛不远，沿途都是好风景。

那天报到后，因为报到时间有点晚，所以儿子就没有抽到 10 号面试的号，就选择了 11 号上午面试。在孩子们去选号时，家长们可以参加一个说明会。在说明会上，有专人为家长们介绍中国科学院大学的整体情况，也会介绍一下往年面试的经验。所以，我建议家长们去听一听这个说明会。

因为 6 月 10 号那天没事，我们就去了东炮台、月亮湾、烟台山，这些都是当年我和老公上大学时常去的地方。现在带孩子来玩，别有一番滋味。我们吃了好多年没有吃的焖子，又在月下老人那里合了影。儿子开玩笑说："你们俩哪里是来陪我面试的。你们俩是来这里怀旧的。"

6 月 10 号晚上，儿子打电话问一个当天参加中国科学院大学面试的同学，面试时老师问的什么问题。同学说不是专业问题。儿子听了以后就放心了。6 月

11号，儿子进考场后，我和老公就被人带领着去青岛的招生休息室。在青岛的招生休息室里，有好几个家长，都是中国科学院海洋研究所的，听说我们是老师，就给我们聊了许多，包括对中国科学院大学的看法、孩子的兴趣以及孩子的发展方向。我们也具体咨询了中国科学院大学的办学特色以及本科四年的培养计划。但是因为担心孩子，没多久我们就出来了。很快儿子也出来了，给我们聊起面试的事情。

儿子说进去后，面试官先让大家估一估自己的高考分数，儿子说他估670分，是面试人员中高考分数最高的。这一点就让我们放心了，因为能进中国科学院大学综合招生面试的都不是差学生，他们都估分不高，说明2019年的高考题可能真的很难。其中的一个面试问题是："等将来你们工作后，如何孝敬父母？"有的同学说常回家看看。儿子说多给父母做做饭。有一个老师好奇地抬头追问儿子："你会做什么饭？"儿子说会做西红柿炒鸡蛋、葱爆海参等。那个老师又问："做饭与科研有什么关系吗？"儿子笑着说："都能锻炼动手能力啊！"

根据儿子面试的经验，如果一个考生能被老师追问，一般来说，面试的分数就不会低。事实证明，儿子在中国科学院大学综合评价招生面试中获得了746.5分，满分750。

参加完面试后，儿子又参加体育测试。之前报体育项目时，我们站在家长的角度，想让孩子练一练腰肌，所以给孩子报了仰卧起坐。没有想到，儿子的这一项目完成得很不好。为了能在体育测试中拿到高分，我们让儿子在宾馆练了练，儿子一下子做了30多个仰卧起坐。但是第二天儿子起床后就开始腰疼。我们这才意识到：由于长久没有练过，一旦练起来，又没有做放松训练，因此儿子练伤了。没有办法，我们又是给儿子按摩，又是给儿子贴艾灸贴。总之儿子参加体育测试时只做了20多个仰卧起坐。建议家长不要想当然地给孩子报体育项目，最好问问孩子的意见。

中国政法大学自主招生复试

2019 年 6 月 14 日，是儿子参加中国政法大学（简称中政法）自主招生复试的日子。中国政法大学自主招生复试全部安排在北京昌平校区。14 号早上，我们就到达昌平校区。到达之后，我们顺利地找到了在网上预定的宾馆。宾馆就在中国政法大学昌平校区附近。办理完入住手续后，我们就去学校报到。中政法在公布初审通过名单的时候就要求考生打印准考证。考生来复试时要带着准考证，之后安排考试分组。

中政法的自主招生复试分为三个环节，分别用三天时间完成，第一天是笔试，第二天是面试，第三天是体能测试。参加笔试的考生都是在同一时间、同一个地点答题。面试因为场次不同，考试时间会有所不同。有的考生被安排在上午面试，有的考生被安排在下午面试。时间不同，考生面试的题目也有所不同。

之前我曾经登陆中国政法大学的校园官方网站，查看过中国政法大学校长给本校学生推荐的阅读书目，包括卢梭的《社会契约论》、亚当·斯密的《国富论》、孟德斯鸠的《论法的精神》等，并在高考前就将这些书买回家。因为这些书相对较难阅读，所以儿子之前读得很少，正好趁这个时间好好地读一读。

儿子首先参加笔试。在笔试的现场，我们见到了儿子的小学同学。见到之后俩人都非常高兴，在无意之中减轻了孩子的考试压力。

孩子考完笔试之后给我说，中政法笔试主要考语数外，既没有《论法的精神》这类的大学先修课程，也没有网上视频所说的那些培训课程，全部都是选择题，总共 100 道。数学占的分值没有特别高，只占 30 分左右。这对数学不好的同学来说可能是一件好事。但是事实上从后来公布的文化课考试成绩看，参加复试的考生还是在数学上拉开了成绩。最终儿子的综合成绩依然排名前十。

综合成绩排名前十的同学就可以直接上中国政法大学的成思危现代金融菁

英班。这个班用中国经济学家成思危的名字命名，主要是为中国的金融发展、金融风险管控提供法律支持，旨在培养法律与金融方面的高级专门人才。

2018 年中国政法大学自主招生面试采取的是辩论的方式，而 2019 年采取的是无组织小组讨论的面试方式。5 个评委负责为每位考生打分，除去一个最高分与一个最低分之后，取其他 3 位评委给的平均分。儿子面试的题目是"人工智能对人类道德的影响"。儿子曾在之前参加辩论会时接触过这类话题。

中国政法大学的自主招生考试第三天是体能考试。体能考试地点是中国政法大学的操场。根据考生的抽号顺序，决定考生是在上午考还是下午考。抽到上午考的考生，考完后，下午就可以回家了。儿子的考试被安排在下午。考生都在操场里面，分为六个组，每个组都要测三项：50 米跑、体前屈、立定跳远。在这里需要提醒大家一点，没有必要提前为体能考试加大练习，更要注意不要因为加大练习拉伤肌肉，否则会带来不必要的麻烦。

儿子在操场上排队的时候，我就在旁边看着儿子。有的孩子很好，一边排队，一边做一些准备活动，比如往上跳一跳，或者压压腿，或者稍微跑一跑。儿子在一开始的时候很矜持，因为在一个完全陌生的环境中，儿子放不开。

后来儿子看到前面的同学都在做准备活动，他也把书包放在旁边，开始压腿做准备活动。后来儿子给我说，他当时不应该穿长裤，穿短裤就好一些。特别是在立定跳远的时候，穿着短裤会相对方便一些。就这样儿子顺利地完成了中国政法大学的自主招生考试。

志愿填报

没有经过志愿填报的家长或学生是不知道在报考志愿时所受的煎熬的，因为孩子经过了高中三年的学习，这关键的一次报考可能会改变孩子的人生。

正是因为如此，在报考志愿期间，许多学生咨询志愿填报的问题，有时会做无数次的调整。

儿子也同样纠结，在提前批次，他可以报两所学校，一所是香港大学，另一所是中国科学院大学；在自主招生批次，他可以报三所学校，北大、北航、中政法。在北大、北航、中政法之间，儿子选择北大。我们纠结的原因是要不要放弃提前批。因为一旦放弃提前批，就意味着儿子只能通过自主招生批次录取了。

北大有一个规定，无论是高水平艺术团招生，还是自主招生，或者综合评价招生，所有加分优惠只能用一次。举例来说，儿子考了 677 分，那么加上 20 分优惠后，是 697 分，这个分数一定超过了北大在山东的录取分数线，所以儿子一定能被北大录取。但是进入录取名单后，儿子在选择专业时，北大是按原始分录取的。除非儿子的文化课裸分过了北大录取线，这个时候儿子在加分优惠的基础上选专业。也就是说北大的加分优惠只能使用一次，文化课裸分达不到录取分数线时，可以作为加分使用。文化课裸分达到录取分数线时，可以在专业选择时使用加分优惠。

儿子喜欢北大的法学，但是我们都不知道儿子能否被法学院录取。儿子无法接受北大的两个专业，一个是心理学专业，另一个是考古学专业。如果不是这两个专业，儿子可能会毫不犹豫地选择北大，因为对于北大的其他专业，比如数学、物理、国际关系、经济、管理等，儿子都可以接受。于是我就与北大山东招生组的老师沟通。招生组的老师说，考古与心理学这两个专业很好，只是被很多人误解。按照北大往年的录取惯例，不报考这两个专业的考生是不会被录取到这两个专业的。也正是因为北大招生组老师的这句话，我们决定放弃中国科学院大学和香港大学，等待 7 月 5 号的自主招生批次。

在自主招生批次，考生只能填报一所学校，而且自主招生批次与本科一批次同时填报，所以在填报自主招生批次之前，我们需要选好本科一批的 12 个平行志愿。

虽然我家孩子没有用上本科一批的平行志愿，但是在报考平行志愿方面我认真思考了，所以在这里我可以和大家分享一点儿报考经验。

平行志愿的意思是考生可以一次报考 12 所学校，这 12 所学校原则上可被分为以下三类：

第一类就是"冲一冲"的学校。 我们根据 2018 年报考学校在山东录取的最低分数线和 2018 年、2019 年山东自主招生最低录取分数线来估计儿子可以达到的摸高学校。

比如山东高考自主招生最低录取分数线，2019 年理科为 514 分，2018 年理科为 517 分，这个分差就是 3 分。那么 2018 年复旦大学在山东的最低录取分数线是 680 分。减去 3 就是 676 分。儿子考了 677 分，这就说明儿子可以摸高报一下复旦大学。但是必须做好心理准备，那就是儿子如果被复旦大学录取，儿子的分数在复旦大学不是最高的，有可能会被调剂。如果在复旦大学的理科专业里，有不能接受的专业，就要考虑是否报考。事实上，2019 年复旦大学理科类在山东只招收 4 个专业。对于这四个专业，儿子都可以接受，所以儿子就把复旦大学放在了本科一批次的第一个学校。可以报 4 所这样的摸高学校。

第二类是"稳一稳"的学校。 用同样的计算方法，选择 4 所学校，确保孩子能被录取，而且基本上能确保孩子被报考的专业录取。可以报四所稳妥的高校。

第三类是"保一保"的学校。 也就是确保学校与专业都能被录取的 4 所学校。

虽然平行志愿可以报 12 个志愿，12 所学校，但是平行志愿的录取原则是这样的：录取时电脑首先检索考生的第一志愿，如果考生的第一志愿没有达到报考学校的分数线，电脑自动检索第二所志愿高校，依次进行。

考生分数如果达到了第一志愿学校的分数线，就会被这所学校提档，提档之后，其他 11 所学校就无法再对考生进行提档录取，也就意味着考生只能被第一所学校录取。如果考生的分数刚达到学校的录取线，就有可能会被专业调剂。

如果考生不服从校内调剂，而档案已经被这所高校提档，那么就无法被这所学校录取，同时也不可能被其他 11 所学校录取。这个时候，就成了死档。考生只能等到所有本科一批高校录取完后，由省招生院统一发布征集志愿信息时，考生才能再次填报志愿。而这时一般都是相对较差的学校了。因为只有差一点的学校才有可能完不成自己的录取计划。

从这个意义上来说，平行志愿看似是满足大家更多的选择，但其实第一志愿是非常重要的，所以我希望大家慎重填报。首先家长要考虑孩子能不能被这所学校录取，其次要考虑孩子是否可以接受这所学校的所有专业。

比如 2019 年理科类复旦大学在山东只招四个专业。对于这四个专业，儿子都可以接受，所以我们才把复旦大学列为第一志愿，否则，我们可能会把中国人民大学当作第一志愿。在填报平行志愿时，一般的原则是保学校，兼顾专业。如果考生对专业的要求非常强，那么就要首先保专业。

我们一共报了 12 所大学，包括复旦大学、中国科学院大学、中国人民大学、上海交通大学、浙江大学、南京大学、北京航空航天大学、武汉大学、中国政法大学、同济大学、中央财经大学、上海财经大学。对于这 12 所学校的招生专业，孩子基本都能接受。

填报完志愿之后就是一个漫长的等待过程。在这个过程中，我们和北京大学的招生组老师多次沟通。最后北京大学的招生组负责人告诉我们，很多理科生会选择数学、物理、化学、生物等专业。法学是社科学科，文理都可以兼报，所以法学对于理科生来说并不是一个特别热门的专业，以孩子的分数来说，孩子应该能被法学专业录取。

儿子最终如愿以偿地考进了北京大学的法学院！至此我终于把心放在肚子里了。